本書を手に取っていただき，ありがとうございます。

　小学校の教壇に立っていた頃，私は子どもたちの「つまずき」に寄り添おうと努力してきました。しかし，多くの「つまずき」を見逃してしまっていたことでしょう。

　現在，私は大学で教鞭を執り，未来の教師を育てることに情熱を注いでいます。授業では，学生が指導案を作成し，算数の模擬授業を行う機会を多く設けています。しかし，学生たちは模擬授業を考える際に，ある共通の悩みに直面します。それは，「子どもがどのようなところにつまずくのか分からない」という悩みです。

　算数は大学生にとって理解できる内容です。学生時代の自身の経験から，つまずきを思い出すことは可能かもしれませんが，それは「自分」の体験に過ぎません。他者，特に小学校低学年の子どもが抱える素朴な疑問や算数特有の概念の難しさを想像するのは，簡単ではありません。

　ただ，この悩みは大学生に限った話ではありません。皆さんも同じような思いがあり，本書を手に取ったのではないでしょうか。

　近年では，AI技術の活用により，学習者のつまずきを予測するシステムが開発されつつあります。AIは膨大な学習データを分析し，個別に最適化された学習支援を提供する可能性を秘めています。しかし，AIはツールの一つに過ぎません。子どもたちの心を理解し，一人ひとりの個性に寄り添った指導を行うことは，これからも人間の教師に求められる重要な役割です。

　本書では，子どもたちが算数でつまずきやすいポイントを具体的に取り上げ，その原因を探るとともに，効果的な指導方法を提案しています。本書を通して，つまずきやすいポイントを知ることで，児童を見取る視点が変わり，指導の質が向上することをお約束します。

　さぁ，今日も算数を子どもと共に楽しみましょう。

樋口 万太郎

目次

はじめに ・・・・・・・・・・・・・・・・・・・・・・・・・・・・・・・・・ 1

本書の見方 ・・・・・・・・・・・・・・・・・・・・・・・・・・・・・・ 6

第1章 なぜ，つまずきが起きるのか ・・・・・・・ 7

1 つまずきは子どもたちにとって必要 ・・・・・・・・・・・ 8

2 子どもが「自分で学べる人」になることを期待しよう ・・・・・・・・・ 18

第2章 算数 つまずき指導 ・・・・・・・・・ 29

1 1年 仲間づくりと数 数字を正しく書けない ・・・・・・・・・・・ 30

2 1年 仲間づくりと数 数を正しく読めない ・・・・・・・・・・・ 32

3 1年 仲間づくりと数 いくつといくつのいくつを求められない① ・・・ 34

4 1年 仲間づくりと数 いくつといくつのいくつを求められない② ・・・ 36

5 1年 何番目 集合数と順序数が区別できない ・・・・・・・・・・ 38

6 1年 たし算 問題を把握することができない ・・・・・・・・・ 40

7 1年 ひき算 求差のひき算ができない ・・・・・・・・・・・・ 42

8 1年 10より大きい数 十進位取り記数法の仕組みが分からない① ・・・ 44

9 1年 10より大きい数 十進位取り記数法の仕組みが分からない② ・・・ 46

10 1年 繰り上がりのあるたし算 繰り上がりのあるたし算ができない ・・・ 48

11 1年 繰り下がりのあるひき算 繰り下がりのあるひき算ができない ・・・ 50

12 1年 大きい数 数のまとまりを意識できない ・・・・・・・・・・・ 52

13 1年 大きい数 数に対する感覚がつかめない ・・・・・・・・・・ 54

14 1年 たし算とひき算 問題場面を読み取って立式できない ・・・・・・ 56

15 1年 たし算とひき算 この問題が何算かが分からない ・・・・・・・ 58

16 1年 たし算とひき算 問題を絵や図に表すことができない ・・・・・・ 60

17 1年 長さ 直線をうまくかくことができない ・・・・・・・・・ 62

18 **1年** 時計 時計を読むこと（短針）ができない・・・・・・・・・・・・・ **64**

19 **1年** 時計 時計を読むこと（長針）ができない・・・・・・・・・・・・・ **66**

20 **2年** たし算の筆算 繰り上がりを忘れる・・・・・・・・・・・・・・・・・・・ **68**

21 **2年** ひき算の筆算 十の位から繰り下げていることを忘れる・・・・・ **70**

22 **2年** ひき算の筆算 2回繰り下げることができない・・・・・・・・・ **72**

23 **2年** 分数 もとの大きさが分からない・・・・・・・・・・・・・・・・・ **74**

24 **2年** かけ算 かけ算をスラスラ言えない・・・・・・・・・・・・・・・・ **76**

25 **2年** 長さ ものさしを使いこなせない・・・・・・・・・・・・・・・・・ **78**

26 **2年** かさ かさの単位のイメージがつかめない・・・・・・・・・・・ **80**

27 **2年** 時刻と時間 時刻を求められない・・・・・・・・・・・・・・・・ **82**

28 **3年** 暗算 2桁＋2桁の暗算ができない・・・・・・・・・・・・・・・ **84**

29 **3年** かけ算 かけ算を創造することができない・・・・・・・・・・・・ **86**

30 **3年** あまりのあるわり算 あまりの扱い（切り上げ）ができない・・・ **88**

31 **3年** あまりのあるわり算 あまりの扱い（対応）ができない・・・・・ **90**

32 **3年** あまりのあるわり算 あまりを適切に求められない・・・・・・・・ **92**

33 **3年** あまりのあるわり算 わり算で計算ミスをしてしまう・・・・・・・ **94**

34 **3年** あまりのあるわり算 確かめ算ができない・・・・・・・・・・・・ **96**

35 **3年** かけ算の筆算(1) 筆算の位を揃えられない・・・・・・・・・・・ **98**

36 **3年** かけ算の筆算(2) 筆算の繰り上がりができない・・・・・・・・ **100**

37 **3年** 1億までの数 数直線上の数が分からない・・・・・・・・・・・ **102**

38 **3年** 分数 分数の違い（量と割合）が分からない・・・・・・・・・・ **104**

39 **3年** □を使った式 逆算ができない・・・・・・・・・・・・・・・・・・ **106**

40 **3年** 倍の計算 基準量を意識できない・・・・・・・・・・・・・・・・ **108**

41 **3年** 重さ 重さの保存性やかさとの関係がつかめない・・・・・・・ **110**

42 **3年** 円と球 円の定義が理解できない・・・・・・・・・・・・・・・・ **112**

43 **3年** 円と球 コンパスを使うことができない・・・・・・・・・・・・・ **114**

44 **3年** 三角形と角 二等辺三角形の作図ができない・・・・・・・・・ **116**

45 **3年** 時刻と時間 時間を求められない・・・・・・・・・・・・・・・・ **118**

46 **4年** わり算の筆算(1) 筆算の順番（わり算だけ上から）が分からない **120**

47 **4年** わり算の筆算(2) 仮の商を立て，修正することができない・・・ **122**

3

48 4年 概数 四捨五入ができない ・・・・・・・・・・・・・・・・・・・・・・・・ **124**

49 4年 概数 概算ができない ・・・・・・・・・・・・・・・・・・・・・・・・・・・・・・ **126**

50 4年 計算のきまり 交換・結合法則を使った計算ができない ・・・・・ **128**

51 4年 計算のきまり 分配法則を使った計算ができない ・・・・・・・・・ **130**

52 4年 計算のきまり 整数の四則計算の順序が分からない ・・・・・・・・ **132**

53 4年 分数 分数の大小比較ができない ・・・・・・・・・・・・・・・・・ **134**

54 4年 角の大きさ 分度器で測定できない ・・・・・・・・・・・・・・・・・・・ **136**

55 4年 垂直と平行 垂直の定義が分からない ・・・・・・・・・・・・・・・・・ **138**

56 4年 垂直と平行 平行の定義が分からない ・・・・・・・・・・・・・・・・・ **140**

57 4年 面積の比べ方と表し方 単位を揃えることができない ・・・・・・・ **142**

58 4年 直方体と立方体 空間認識ができない ・・・・・・・・・・・・・・・・・ **144**

59 4年 直方体と立方体 展開図をかくことができない ・・・・・・・・・・・ **146**

60 4年 直方体と立方体 立体と展開図の関係がつかめない ・・・・・・・・ **148**

61 4年 直方体と立方体 見取図をかくことができない ・・・・・・・・・・・ **150**

62 5年 小数のかけ算 かけ算の立式ができない ・・・・・・・・・・・・・・・ **152**

63 5年 小数のかけ算 小数点の移動ができない ・・・・・・・・・・・・・・・・・ **154**

64 5年 小数のわり算 計算の仕方が分からない ・・・・・・・・・・・・・・・ **156**

65 5年 分数のたし算とひき算 分数の加減計算の仕方が分からない ・・・ **158**

66 4年 直方体や立方体の体積 1cm³＝ 1mL が分からない ・・・・・・・・ **160**

67 5年 合同な図形 対応する辺や角が捉えられない ・・・・・・・・・・・・・ **162**

68 5年 四角形と三角形の面積 面積を求めるとき，図形の高さが分からない・・ **164**

69 5年 四角形と三角形の面積 図形の変形ができない ・・・・・・・・・・・ **166**

70 5年 四角形と三角形の面積 面積の公式を覚えられない ・・・・・・・・ **168**

71 5年 四角形と三角形の面積 楔形などの面積を求められない ・・・・・・ **170**

72 5年 四角形と三角形の面積 複合図形を求められない ・・・・・・・・・ **172**

73 5年 正多角形と円 円周率（3.14）の理解ができない ・・・・・・・・・ **174**

74 5年 単位量あたりの大きさ 秒速・分速・時速の変換ができない① ・・ **176**

75 5年 単位量あたりの大きさ 秒速・分速・時速の変換ができない② ・・ **178**

76 5年 単位量あたりの大きさ 混み具合の比較ができない ・・・・・・・・・ **180**

77 5年 単位量あたりの大きさ 速さの計算ができない ・・・・・・・・・・・ **182**

78 5年 割合 割合の比較ができない ・・・・・・・・・・・・・・・・・・・・・・・ **184**

79 5年 割合 基準量と比較量の判別ができない ・・・・・・・・・・・・・ **186**

80 5年 割合 比較量の比較ができない ・・・・・・・・・・・・・・・・・・・ **188**

81 5年 割合 基準量を求められない ・・・・・・・・・・・・・・・・・・・・ **190**

82 5年 割合 割合を表す小数，歩合，百分率の変換ができない ・・・・ **192**

83 5年 割合 何％と何％引きの違いが分からない ・・・・・・・・・・・ **194**

84 6年 文字と式 文字の値を求められない ・・・・・・・・・・・・・・・・・ **196**

85 6年 分数×整数 計算の仕方を説明できない ・・・・・・・・・・・・・・ **198**

86 6年 分数÷整数 わり切れないときに分からない ・・・・・・・・・・・・ **200**

87 6年 分数のわり算 なぜひっくり返してかけるのか説明できない ・・・ **202**

88 6年 対称な図形 線対称の作図ができない ・・・・・・・・・・・・・・・・ **204**

89 6年 対称な図形 点対称の作図ができない ・・・・・・・・・・・・・・・・ **206**

90 6年 拡大図・縮図 拡大図・縮図の面積比が分からない ・・・・・・・・ **208**

91 6年 円の面積 おうぎ形や複合図形の面積を求められない ・・・・・・ **210**

92 6年 角柱と円柱の体積 複合立体の体積を求められない ・・・・・・・・・ **212**

93 6年 およその面積 概形を捉えられない ・・・・・・・・・・・・・・・・・ **214**

94 6年 比 比の値の意味が分からない ・・・・・・・・・・・・・・・・・ **216**

95 6年 比 等しい比の性質が成り立つ理由が分からない ・・・・・・・ **218**

96 6年 比 割合と量の対応ができない ・・・・・・・・・・・・・・・ **220**

97 6年 比例・反比例 伴って変わる二つの数量の関係を見抜くことができない ・・ **222**

98 6年 データの調べ方 代表値が分からない ・・・・・・・・・・・・・・・・・ **224**

99 6年 データの調べ方 表やグラフを作成できない ・・・・・・・・・・・・ **226**

100 6年 データの調べ方 妥当性を批判的に考察できない ・・・・・・・・・・ **228**

101 6年 並べ方と組み合わせ方 並べ方と組み合わせ方の区別ができない ・・・ **230**

102 6年 並べ方と組み合わせ方 落ちや重なりがあることに気付かない ・・・ **232**

103 全学年 統合的に考察することができない ・・・・・・・・・・・・・・ **234**

104 全学年 発展的に考察することができない ・・・・・・・・・・・・・・ **236**

あとがき ・・・・・・・・・・・・・・・・・・・・・・・・・・・・・・・・・・・・**238**

本書の見方

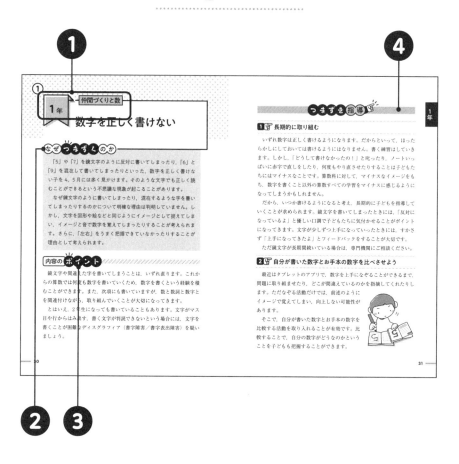

❶ 該当学年と単元です。

❷ 予想されるつまずきの原因を解説しています。

❸ 本単元で大切にしたい内容です。

❹ つまずきに対する手立てを紹介しています。

第1章

なぜ、つまずきが起きるのか

1 つまずきは子どもたちにとって必要

👉 つまずくことは悪いことではない

　皆さんは日常生活で歩いていて，つまずいたことはありますか。つまずくということは，そこに「段差」があるということです。ユニバーサルデザインの観点から歩道などで段差はなくなってきていますが，それでも家と歩道の境目，1階から2階へ行くための階段という段差はこれからもあるでしょう。

　学習においても「段差」があります。下図のように段差がない状態で歩き続けると，その人の視点は変わらないものです。一方で，段差を乗り越えると，今見えている視点がより高い視点へ変わっていきます。段差がないと景色は変わりません。だから，適切な段差であったり，つまずきは，子どもたちにとっては必要なものです。ただし，つまずいて子どもたちが大怪我するような段差やつまずかせ方は，子どもを勉強嫌いにしてしまいます。

■☞ 先生はつまずきをなくそうとする!?

1年生を担任しているとき，次のような問題に取り組みました。

> 10のまとまりが2つ，1が3つあります。

この問題はすぐに解決してくれると思っていました。「はい，はい‼」と元気よく挙手している子を指名し，答えを黒板に書いてもらうと，

「203」と書いたのでした。

このとき，私はわざと「正解」と言いました。

すると，子どもたちからは，

「先生違うよ！」

「10が2つで20でしょ。20と3で23だよ」

「十の位が20はおかしいよ」

「20と3で203と書いてしまったんじゃない？」

「203だと100のまとまりが2つということになるよ」

と，この問題を考えるときに大切な位やまとまりの話や，なぜ間違えてしまったのかといったことを子どもたちは言い，正解は「23」だというところまでたどり着きました。

「203」が出るということは予想外でした。上記の活動が5分程度あったのでしょう。この5分によって，私が想定していた問題数をこなすことはできませんでした。

しかし，その代わりに改めて大切な考えを，ある子のつまずきから考え，言語化し，共有することができ，とても価値のある活動になりました。

子どものつまずきをうまく活用した

ということになります。

授業中の子どもたちのつまずきに関する言動によって，当初の授業プラン通りにはいかないかもしれません。しかし，先生が子どもたちがつまずかないように，段差がないようにしてしまっては，上記のような機

つまずきは子どもたちにとって必要　　9

会はなくなるということです。

　子どもたちがつまずかないようにするためには，とにかく細かく指示をして，先生の言われた通りに行動させていきます。過保護や過干渉な指導をしていくということです。

　しかし，それで子どもにどのような力がつくでしょうか。やはり，適切な段差やつまずきは必要だということです。

▶ つまずきを分類・整理する

　樋口（2024）は，エリクソンら（1995）の知識の構造図を参考に，知識を「できる知識」と「分かる知識」に分けています。

　「できる知識」とは公式，アルゴリズム，用語などの事実にあたる知識です。計算ができる，コンパスで円をかくことができる，筆算ができるといった技能も含まれます。できるの「主語」にあたる「〜が」に当てはまることが「できる知識」と言うとイメージしやすいでしょう。

　もう一方の「分かる知識」とは，概念にあたる知識です。「計算が分かる」とは言いません。「計算の仕方が分かる」と言うと通じます。このように，分かるの「主語」にあたる「〜が」に当てはまることが「分かる知識」と言うとイメージしやすいでしょう。そして，この分かる知識は学年，領域，単元間で転移をしていくものです。

　子どもたちが行うつまずきは，決して同じではありません。そこで本書では，シチュエーショナル・リーダーシップ理論（SL 理論）を参考にして，上記の2つの知識を基に「できる・できていない」「分かる・分かっていない」という2軸で次頁のようにマトリクスを作成しました。

　このマトリクスでは①〜④のゾーンができます。

　①のゾーンは，「できる・分かる」の子どもたちです。このゾーンの子どもたちの特徴例として，技能もバッチリで，教科書に載っている○○さんの考えなどもしっかりと理解している子です。5年「速さ」や「割合」といった単元で，「は・じ・き」とか「く・も・わ」などに頼ら

分かる

できていない・分かる	できる・分かる
授業で活躍するがテストの点数が取れない ③	計算もできる 教科書の○○さんの考えとかも理解できている ①
計算などの技能ができない ④	塾などで先行学習している子たち（「もう塾でした」と言う） ②
できていない・分かっていない	できる・分かっていない

分かっていない

ずにしっかりと考えることができる子たちです。このゾーンの子どもたちに出会うことはレアであり，学力が高いと言える子どもたちです。

　②のゾーンは，「できる・分かっていない」の子どもたちです。このゾーンの子どもたちの特徴例として，塾などで先行学習している子どもたちです。

　「もう塾でした」と平気で言ったり，5年「図形の面積」では，図形の公式については知っており，公式を使って面積を求めることはできるけど，図形の面積の求め方について考えたりすることは難しくしている子たちです。「は・じ・き」とか「く・も・わ」を使う子どもたちです。クラスには，このゾーンの子どもたちが多いのではないでしょうか。このゾーンは単元終わりに行うテストでは 100 点を取ることができ，世間一般的には，学力が高いと見られがちな子たちです。

　③のゾーンは，「できていない・分かる」の子どもたちです。このゾーンの子どもたちの特徴例として，授業で活躍するがテストの点数が取れない，成績をつけるときに「救ってあげたい」と思う子です。

つまずきは子どもたちにとって必要

④のゾーンは，「できていない・分かっていない」の子どもたちです。このゾーンの子どもたちの特徴例として，計算ができない，教科書に載っている○○さんの考えがなかなか理解できないという子たちです。いわゆる学力の低い子たちです。

目指すのは①のゾーン「できる・分かる」になりますが，実際のところは④のゾーン「できていない・分かっていない」の子どもたちは①ではなく，②のゾーン「できる・分かっていない」を目指すために，まずは「できる知識」の習得・活用を目指すことでしょう。

計算の仕方は分かってほしいものの，まずはたし算，ひき算，九九ができるようになってほしいと思うものです。たし算やひき算や九九ができるようになっておかないと，わり算や2桁×2桁の計算などはできません。

子どもがつまずくのは当たり前のことです。つまずいたときには，「どうして分からないの！」と責めるのはやめましょう。責めるのではなく，できるようになるまで，分かるようになるまでしっかりと子どもと向き合ってほしいものです。

子どもたちができるか，分かるかによって，高学年の算数への取り組み方が大きく変わることでしょう。低学年の算数を教える先生たちにとっては責任重大と言えることでしょう。

子どもたちのつまずきに向き合うときには，がむしゃらに向き合うのではなく，作戦を立てて向き合う必要があります。そのために一つ目として，

第2章以降で各学年・各単元におけるつまずきを知る

ということです。知ることにより，子どもたちがつまずいたときに対応することができるようになります。二つ目は，

子どものつまずきには何種類かあるということを認識しておく

ことが大切です。詳しくは次頁より述べていきますが，子どもたちの実態に応じてつまずきへの対応を変えていく必要があります。

4つのゾーンによってつまずきが違う

例えば，1年生の教科書に掲載されている繰り上がりのあるたし算の導入場面。この場面における「できる知識」「分かる知識」は，

できる知識……さくらんぼ計算ができる，簡単なたし算ができる
分かる知識……10のまとまり

というように整理できます。
これを先ほどの図に当てはめてみると，次の図のようになります。

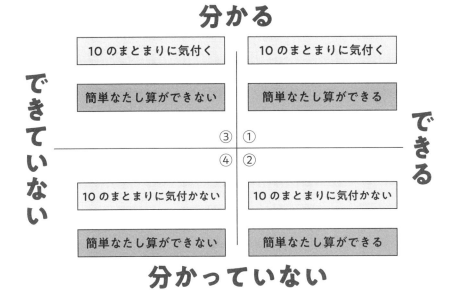

①のゾーン「できる・分かる」の子どもたちは，ほぼつまずきがないと考えています。
②のゾーン「できる・分かっていない」の子どもたちは，「10のまとまり」という分かる知識に気付くことができず，つまずいています。
だから，「10のまとまり」ということに本人が気付くように，「今ま

での学習でも似たようなことをしてこなかった？」と問い返したりしていくというつまずき解消法が求められます。

また，本人は計算はできるため，つまずいていることに気付いていない可能性があるため，少し厄介と言えます。

③のゾーン「できていない・分かる」の子どもたちは，10のまとまりに気付いているものの，それを計算の仕方へと関連付けたり，そもそも数の合成・分解がなかなかスムーズにいかなかったりするというつまずきをしています。だから，技能面についてのつまずきを解消していくことが必要になります。

④のゾーン「できていない・分かっていない」の子どもたちは，10のまとまりにも気付いておらず，そして，数の合成・分解がなかなかスムーズにいかなかったりするというつまずきをしています。③のときよりも，より先生の指示のもとに技能面についてのつまずきを解消していくことが必要になります。

「子どもがつまずいている」と一言で表しがちですが，上記のように自分の状態に応じて，つまずくところが異なっている可能性があるということです。

また，考えておかないといけないのは，普段の算数授業が右下の②のゾーン「できる・分かっていない」が達成目標になっていないかということです。

例えば，5年生「速さ」の単元ですぐに「は・じ・き」を，「割合」の単元ですぐに「く・も・わ」というツールを教えるような授業，ただ教科書の問題を解いていくような授業というのは，問題を解くことができればよいという授業展開になってしまっています。

このような授業をしていると，そもそも分かる知識に気付かないということが起こります。

できる・分かるの子どもたちは？

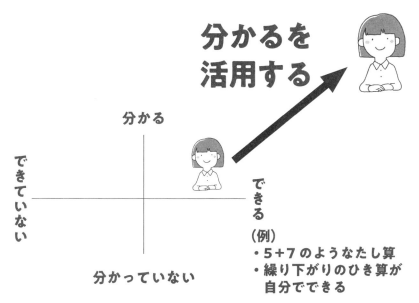

　①のゾーンの「できる・分かる」の子どもたちは、「できる・分かる」ことを子どもたちが活用していくような場面を設定していく必要があります。この子たちは「できる・分かる」子だから、設定しておかないと、このゾーンの子どもたちは授業がつまらなくなり、そして授業を妨害するようになり……。

　例えば、このゾーンの子どもたちは、「5+7」や繰り下がりのあるひき算の計算の仕方について、自力で解決することができる子たちです。とはいっても、なかなか合成・分解できなかったり、10のまとまりをつくるところにつまずく子もいるでしょう。そういったつまずきをサポートすればよいのです。

　①のゾーンの「できる・分かる」の子どもたちだからといって、決してつまずきがないというわけではありません。

つまずきは子どもたちにとって必要　　15

👉 4つのゾーンによって指導の仕方が違う

　自力解決のときに，ヒントカードを渡すという取り組みがあります。ヒントカードの是非は今回は置いておきますが，1種類のヒントカードではなく，最低①～④の4種類の中身が違ったヒントカードがないと対応できないということが分かるでしょう。つまり，①～④の層によって，

　　子どもたちのつまずきに対するサポートの仕方が変わってくる

ということです。全員同じサポートの仕方では対応できないということです。

　④のゾーン「できていない・分かっていない」の子どもたちへのサポートの仕方は，「指示型」と名前をつけています。「まずはこれをやってごらん」「次はこれをしてごらん」「これはこのようにするんだよ」「同じようにするんだよ」といったように，先生による直接的な指導でつまずきを乗り越えさせていくゾーンです。

　②のゾーン「できる・分かっていない」の子どもたちへのサポートの仕方は，「支援型」と名前をつけています。分かる知識に気付かせるために，「これまでと似たような考え方はなかったかな？」「ノートや教科書を見返してごらんよ」などと，間接的な指導でつまずきを乗り越えさせていくゾーンです。

　③のゾーン「できていない・分かる」の子どもたちへのサポートの仕方は，「コーチ型」と名前をつけています。できる知識ができていないため，②よりも④の方が指示が多くなるように，間接的な指導も入れつつ直接的な指導をより多く行っていき，つまずきを乗り越えさせていくゾーンです。

　①のゾーン「できる・分かる」の子どもたちへのサポートの仕方は，「信託型」と名前をつけています。子どもたちに任せて学んでいく中で，つまずきを適度に解消していくゾーンです。この子たちも間接的な指導が多くなるでしょう。また，②から④の子どもたちのつまずきを解消し

てくれるようなサポートができる子たちです。

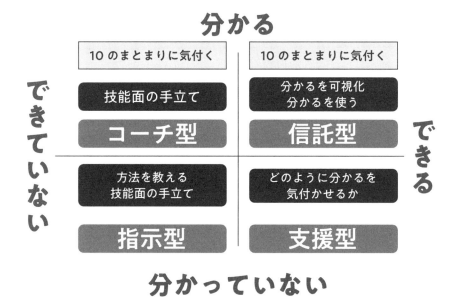

2

子どもが「自分で学べる人」になることを期待しよう

👉 子どものつまずきを解決するための汎用的な解決方法はあるのか？

　つまずきは悪いことではありません。それは，誰もが認識していることだと思います。しかし，子どもによっては，つまずくと学びが止まってしまうこともあります。「分からない」と思うことで思考が止まり，そのまま何分も経過してしまう子どもを見たことはないでしょうか。そういう子どもにとっては，教師がつまずきを乗り越えさせる手立てを準備する必要があります。

　中村（2014）は，算数学習におけるつまずきと支援の分析を行い，算数の学習におけるつまずきを，①学習活動に関するつまずき，②学習内容に関するつまずき，③その他のつまずき，という3つの分類にまとめています。各分類の中にも，①は6項目，②は3項目，③は3項目を設けています（詳細は中村（2014）を参照）。一言で「つまずき」と言っても，操作や比較方法といった学習活動のつまずきもあれば，理解や記憶といった学習内容に関するつまずきなど，多岐にわたります。ちなみに，学術論文を検索するためのサイトであるJ-STAGEで「つまずき　算数」と入力して論文検索をすると，742件もの論文がヒットしました（2024年11月17日現在）。

　以上のことからも，算数において子どもがつまずく場面や原因は，様々な要素によって起こるとともに，算数におけるつまずきに関する研

究は，過去に多くなされてきたことが分かります。それだけ，算数における子どものつまずきというのは，汎用的な解決方法が存在しない対象であるということでもあります。

子どものつまずきを解決するために教師が事前にできること

　算数における子どものつまずきを解決するために，授業前に教師ができることの一つとして，つまずいた子どもに対する具体的な手立てを予想しておくということがあります。

　下の指導案は，5年生で行う「四角形と三角形の面積」の学習の単元において，台形の面積の求め方と公式を考える学習を個別学習で行った際に私が作成したものです。見ていただきたいのは，四角囲いの部分です。

（2）展開案

主な学習活動　予想される子どもの反応	○指導上の留意点　◇評価
1. 問題提示・数学的な見方の共有 T：これまで使ってきた着目ポイントは何かな？ C：面積を求められる形に変える。 C：図形の中の数値を使う。 T：そうですね。今日は台形の面積の求め方について考えます。これまで使ってきた着目ポイントが使えるのかを考えながら面積を求めましょう。 **2. 個別学習** 【台形の求積方法を考えるとともに，数学的な見方を統合する】 C：三角形を2つに分ければ求められる。 C：台形を2つつなげて÷2すれば求められる。 C：どんな方法でも，やっぱり「面積を求められる形にする」という着目ポイントを使っている。 【台形の求積方法の公式化】 C：三角形を2つに分ける方法は，9×4÷2÷4÷2＝（3＋9）×4÷2だから，（上底の長さの数＋下底の長さの数）×高さの長さの数÷2になる。 C：台形を2つつなげて÷2する方法は，（9＋3）×4÷2だから，これも（上底の長さの数＋下底の長さの数）×高さの長さの数÷2になるから，この式は公式になりそうだな。 【発展的な考察】 C：他の台形でも公式が使えるのか試してみよう。 C：ひし形や五角形の面積も求められるかな。 **3. 振り返り** C：台形の面積を求める時も，「面積を求められる形に変える」「公式を考える時は，図形の中の数値を使う」という着目ポイントが使えた。	○本単元で働かせてきた数学的な見方（本学級では「着目ポイント」と呼んでいる）を共有し，その数学的な見方が本時でも働かせることができるのかを共有する。 ○前時まで働かせてきた「面積を求められる形にする」という数学的な見方が働かせられているのかを見取るとともに，「面積を求められる形にする」という数学的な見方が働かせられていない子どもには，「どんな形にすれば面積が求められそうか」を考えさせる。 ○自分で求積ができない子どもには，教師から三角形に分けて考える求め方を提示する。 ○上底と下底という名前は教える。 ○公式を考える際，「図形の中の数値を使う」という数学的な見方が働かせられているのかを見取るとともに，「図形の中の数値を使う」という数学的な見方が働かせられていない子どもには，式に出てきた数値と図形を結び付けるように声をかける。 ○上記2点の数学的な見方を働かせられない子どもが多い場合は，一斉授業に戻し，共有をしてから個別学習に戻す。 ◇前時まで働かせてきた数学的な見方を働かせ，台形の求積方法と求積公式考えることができる。 ◇問題を発展させる時も，「面積を求められる形に変える」「公式を考える時は，図形の中の数値を使う」といった数学的な見方を働かせることができるのかを意識するように声をかける。

子どもが「自分で学べる人」になることを期待しよう　　**19**

この部分には，つまずいている子どもがいた場合の手立てを具体的に書いています。この内容が正しいかどうかは，授業をやってみないと分かりません。クラスによって子どもの実態が違うのは当たり前ですから，つまずいている子どもへの手立てはクラスによって異なります。だから，子どものことを理解している授業者（担任や専科教員）こそ，子どもの学習の様子に基づいて書くべきでしょう。

　つまずいている子どもに「よく考えていますね」「頑張っているね」という励ましの声かけをしても，あまり効果はないでしょう。いくら励ましたとしても，解き方を1つも考えることができなければ，つまずいている子どもは，ずっと座っているだけになってしまいます。考えても分からなかったときに他の子どもに聞けるような子どもだったら，様子を見て，他の子どもから教わった時点で「本当に分かった？ 先生に説明してみてよ」と声かけをして，その子どもの理解度を把握すればよいでしょう。しかし，つまずいている子どもは，解けずに止まってしまうことが多いのではないでしょうか。

　そこで，子どもがつまずいた際には，具体的に何を指導するのかを明確にしておくことが大事です。前頁の指導案にも「自分で求積ができない子どもには，教師から三角形に分けて考える求め方を提示する。」と，具体的な解き方を明示してあります。

　ここまで具体的な手立てを想定しても，つまずいた子どもの手立てとして不十分なことも多いです。しかし，具体的な手立てを想定し，実際につまずいた子どもに試してみると，その是非が分かるので，考えて試すことが大事です。もし，想定した手立てが効果的でなければ，反省し，次の授業に生かしていけばいいだけです。大切なことは，つまずきを想定し，そのつまずきに対する具体的な手立てを想定しておくことなのです。そのために，本書は本当に役立つ例がたくさん掲載されていますので，ぜひ参考にしてもらいたいです。

■☞ 子どもが解く前に，教師が解いてみることが大事

　つまずいた子どもに対する具体的な手立てを考える際，重要なことは，教師が実際に問題を解いてみることです。子どもに比べれば，様々な知識や経験をもっている教師が，子どもと同じように問題を解くことは難しいですが，子どもの既習内容を把握した上で，「どうやって子どもは考えるだろうか？」ということをたくさん想定するのです。先掲した指導案の左側には「予想される子どもの反応」が書かれていますが，実際に問題を解いてみて，具体的に「予想される子どもの反応」を想定して書き出すとよいでしょう。

　昨今，指導案を見ると，学習中に行う活動だけが箇条書きにされていて，「予想される子どもの反応」が書かれていないことがあります。学習中の活動は，子どもが疑問をもったり，発展的に考察したりしなくても，教師から「次は○○をしてください」と指示すれば，子どもはやります。そうではなく，教師が問題提示や発問をした際に，子どもが何をするのか，何を考えるのかを想定することをしなければ，子どもがどんなつまずきをするのかも想定することはできません。

　杉山（2015）は「先生は，自分で問題を解いてみましょう。答えが出たら，そこで何を問うか。その問いが問題の本質に迫るものであったり，問題の背景がよくわかるものだったり，他に生きるものだったりするようでなくてはならないと思います。」と述べています。この杉山（2015）の言葉は「何のために教師が問題を解くのか」という疑問に対する一つの答えでしょう。つまずきに対する手立てのためだけでなく「どうしてそうなるのか？」「今までの解き方との共通点は何か？」「その解き方を使えば，他にもどんな問題が解けそうか？」といった，子どもに算数の学び方を学ばせるために教師は事前に問題を解くということなのです。

　つまずいた子どもに解き方を教えるだけではなく，子どもが筋道立てて考えたり，統合的・発展的に考察したりする姿勢を身に付け，算数の

子どもが「自分で学べる人」になることを期待しよう　　**21**

学び方を学ぶために，どんな発問をして，どんなことに目を向けさせるのかを考えるために，教師は事前に問題を解くのです。

■☞ 問題を解き，数学的な見方を顕在化させる

　事前に問題を解くのは，子どもが筋道立てて考えたり，統合的・発展的に考察したりする姿勢を身に付け，算数の学び方を学ぶためですが，どんなことを意識して問題を解くのかというと，一言で言えば「数学的な見方」と言えるでしょう。

　小学校学習指導要領解説算数編（文部科学省，2017，pp.22-23）には，数学的な見方・考え方について，以下のように説明しています。

　「数学的な見方・考え方」のうち，「数学的な見方」については，「事象を数量や図形及びそれらの関係についての概念等に着目してその特徴や本質を捉えること」であると考えられる。また，「数学的な考え方」については，「目的に応じて数，式，図，表，グラフ等を活用しつつ，根拠を基に筋道を立てて考え，問題解決の過程を振り返るなどして既習の知識及び技能等を関連付けながら，統合的・発展的に考えること」であると考えられる。

　この文章を自分の実践を踏まえ，私なりに解釈し，もう少し平たく以下のようにまとめてみました。

【数学的な見方】
　問題を解いたり，まとめたり（統合），高めたり（発展），学習の目的を自覚するための着眼点
【数学的な考え方】
　筋道立てて考えたり，まとめたり（統合），高めたり（発展）するといった思考方法

数学的な見方は，学習内容に張り付いているものです。計算の学習の際に働かせる数学的な見方と，図形の学習の際に働かせる数学的な見方が異なることは想像がつくと思います。

　数学的な考え方は，学習内容によって異なるというよりも，算数の学習の際は，いつも働かせる思考方法です。どの学習内容においても，筋道立てて考えたり，統合的・発展的な考察をしたりすることは，いつも意識すべきです。

　算数科の学び方というと，数学的な考え方に意識が向きがちです。確かに汎用性が高く，算数という教科を超えて働かせられるのは，数学的な見方よりも数学的な考え方の方が多いでしょう。しかし，数学的な考え方を働かせるためには，数学的な見方を働かせることが不可欠です。ですから，まずは数学的な見方を働かせることが必要なのです。

　子どもが目の前の学習で，どんな数学的な見方を働かせているのかを意識することは難しいです。多くの子どもは，問題を解決することが最優先になっています。また，問題を解決すること自体が大変な子どももいます。だから，子どもが働かせた数学的な見方に意識を向けさせるのは，教師の重要な仕事なのです。そのためには，子どもが学習を始める前に，働かせるべき数学的な見方を教師が明らかにしておく必要があります。事前に教師が自分で問題を解きながら，「どんな数学的な見方を働かせるのか？」ということを考えるのです。

つまずいた子どもへの実際の対応

　5年生の「四角形と三角形の面積」の学習を例に，つまずいた子どもへの実際の対応について説明します。

　5年生の「四角形と三角形の面積」の学習で働かせる代表的な数学的な見方として，「面積を求められる形にする」「公式をつくるためには，図形の中の数値を使う」という2つがあります。単元で学習する，平行四辺形，三角形，台形，ひし形の求積方法と公式の作成を自分で問題を

子どもが「自分で学べる人」になることを期待しよう　**23**

解いて考えてみると，共通して働かせる数学的な見方が上記の2つであることはご理解いただけると思います。

　以下のノートは，5年生の「四角形と三角形の面積」の第6時で，台形の面積の求め方と公式を考えるという学習の際に，ある子どもが書いたノートの一部です。このときは個別学習をしていました。

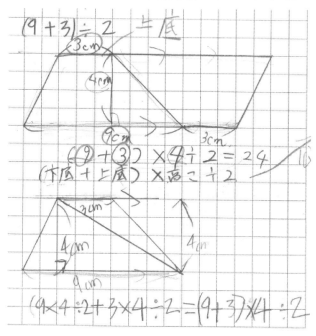

　注目していただきたいのは，上の解き方の「$(9 + 3) \times 4 \div 2 = 24$」という式と，下の解き方の「$9 \times 4 \div 2 + 3 \times 4 \div 2 = (9 + 3) \times 4 \div 2$」という式の字体の違いです。明らかに，別々の人が書いた字であることが分かると思います。上の式は私が書きました。下の式はこのノートを書いた子どもが書きました。

　この子どもは，台形の面積の求め方が思いつかず，悩んでいました。数分経過しても悩んでいたので，私から1つの解き方を教えました。それが上の解き方です。台形を2つつなげて平行四辺形にして（倍積変形），平行四辺形の面積を求めてから，÷2をして台形の面積を求める

という解き方です。教えて終わりではなく，私が教えたことをその子どもにもう一度表現してもらって，理解していないことや説明が不足していたことについて問い返していきました。

最後に「この解き方は，『面積を求められる形にする』『公式をつくるためには，図形の中の数値を使う』という着目ポイント（私のクラスでは，数学的な見方を着目ポイントと呼んでいます）は使えたかな？」と問いかけ，平行四辺形にしたことや，上底・下底・高さといった台形の中にある数値を使っていることを確かめました。

その後は，近くの友達と一緒に考えていました。ノートの下の解き方は，近くの友達と一緒に考えた，別の解き方です。

私から教えた解き方と，友達と一緒に考えた解き方の共通点を見つけて，台形の求積の公式の一般化も図れていました。その後は「だったら，ひし形の面積も求められるのではないか？」と考えて，下のようにひし形の面積の求め方と公式まで自分でつくり出すことができていました。

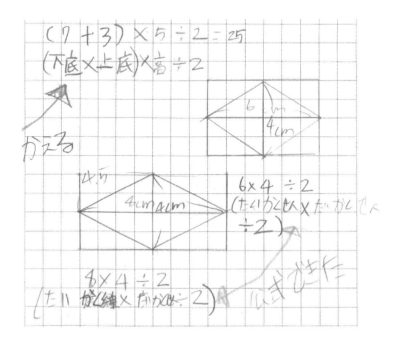

■☞ 解き方を教えるだけでなく，数学的な見方も意識させることの大切さ

　問題を解けない子どもを見ると，「この子どもは算数が苦手だ」と思ってしまうこともあるでしょう。確かに，計算が苦手だったり，用語を覚えていなかったりすることはあります。しかし，それがイコール「算数を自分で学ぶことができない」ではないということを，我々は理解しておく必要があります。

　先述した面積の例であれば，台形の面積の求め方を考えることができなかったとしても，ひし形の面積の求め方や公式を考えることはできるのです。

　子どもによって，「どこから考えることができるか」は異なります。計算ができたとしても，新しい知識を自ら考えることが苦手な子どももいます。その逆も然りです。ですから，子どもによって，つまずきの手立てを変えていく必要があるのです。

　しかし，その前提として，教師が学習内容に応じて働かせる数学的な見方を理解しておくことが必要です。知識だけを伝達して覚えさせるだけのことを続けていても，算数が単なる暗記の学習になってしまいます。算数が苦手な子どもにとっては，「また新しいことを覚えるのか」という気持ちになるだけでしょう。そうではなく，単元全体で働かせる数学的な見方を子どもに意識させ，「昨日やった学習と考えることは同じだな」「だったら，こんなこともできるかな」と，自ら新しい知識をつくり出す活動を増やしていくことが大切です。

　実は，算数が苦手な子どもにこそ，数学的な見方を意識させることは有効です。なぜなら，暗記する量が減り，前後の学習のつながりを理解しやすくなるからです。

■ 最も効果的なつまずきの手立ては，一斉授業で学び方を学ばせること

　「個別最適な学び」という言葉が広がり，一人ひとりのペースで学習することの重要性が叫ばれています。その結果，個別学習や単元内自由進度といった学習形態をどのようにするのかが課題になっています。しかし，どんな学習形態を取ったかではなく，一人ひとりの子どもが，自分で新しい知識を創り出すような算数の学習になっているかが大事です。もう少し詳しく言えば，「数学的な見方・考え方を働かせて学習（深い学び）をしているか」ということが重要です。

　しかし，いきなり「自分で学習を進めてみましょう」と言っても，子どもはドリル学習をするのが精いっぱいでしょう。「ドリル学習でいい」となってしまうと，つまずいている子どもも，「解き方が分かればいい」となってしまいます。そうならないためにも，一斉授業で，筋道立てて考えたり，統合的・発展的に考察したりする経験をたくさんしておくことが重要です。そうなると，個別学習や単元内自由進度学習の際も，「どうしてそうなるのかな？」「今までの学習と同じだ！」「だったら，こんなこともできそうだ！」と，自分たちで新しい知識を創り出すような学習を意識できるようになるでしょう。そして，学び方が身に付けば，つまずいている子どもにとっても，「どうやって考えればよいか」ということを考える視点にもなるはずです。つまずいたら解き方を教えることも大切ですが，その先には「自分で学べる人」になることを期待して教えることが大切なのではないでしょうか。

【参考・引用文献】
中村好則（2014），算数学習におけるつまずきと支援の分析，数学教育学会誌 2014/
　　Vol.55/No.3・4，pp.109-118.
杉山吉茂（2015），初等教育資料 3 月号，No.924，巻頭言Ⅳ～Ⅴ.
文部科学省（2017），小学校学習指導要領（平成 29 年告示）解説算数編，pp.22-23.

第2章

算数
つまずき指導

① 1年 ─ 仲間づくりと数

数字を正しく書けない

なぜつまずくのか

　「5」や「7」を鏡文字のように反対に書いてしまったり、「6」と「9」を混在して書いてしまったりといった、数字を正しく書けない子を4, 5月には多く見かけます。そのような文字でも正しく読むことができるという不思議な現象が起こることがあります。

　なぜ鏡文字のように書いてしまったり、混在するような字を書いてしまったりするのかについて明確な理由は判明していません。しかし、文字を図形や絵などと同じようにイメージとして捉えてしまい、イメージと音で数字を覚えてしまったりすることが考えられます。さらに、「左右」をうまく把握できていなかったりすることが理由として考えられます。

内容のポイント

　鏡文字や間違えた字を書いてしまうことは、いずれ直ります。これからの算数では何度も数字を書いていくため、数字を書くという経験を積むことができます。また、次項にも書いていますが、数と数詞と数字とを関連付けながら、取り組んでいくことが大切になってきます。

　とはいえ、2年生になっても書いていることもあります。文字がマス目や行からはみ出す、書く文字が判読できないという場合には、文字を書くことが困難なディスグラフィア（書字障害／書字表出障害）を疑いましょう。

つまずき指導

1 長期的に取り組む

　いずれ数字は正しく書けるようになります。だからといって，ほったらかしにしておいては書けるようにはなりません。書く練習はしていきます。しかし，「どうして書けなかったの！」と叱ったり，ノートいっぱいに赤字で直しをしたり，何度もやり直させたりすることは子どもたちにはマイナスなことです。算数科に対して，マイナスなイメージをもち，数字を書くこと以外の算数すべての学習をマイナスに感じるようになってしまうかもしれません。

　だから，いつか書けるようになると考え，長期的に子どもを指導していくことが求められます。鏡文字を書いてしまったときには，「反対になっているよ」と優しい口調で子どもたちに気付かせることがポイントになってきます。文字が少しずつ上手になっていったときには，すかさず「上手になってきたよ」とフィードバックをすることが大切です。

　ただ鏡文字が長期間続いている場合は，専門機関にご相談ください。

2 自分が書いた数字とお手本の数字を比べさせよう

　最近はタブレットのアプリで，数字を上手になぞることができるまで，問題に取り組ませたり，どこが間違えているのかを指摘してくれたりします。ただなぞる活動だけでは，前述のようにイメージで覚えてしまい，向上しない可能性があります。

　そこで，自分が書いた数字とお手本の数字を比較する活動を取り入れることが有効です。比較することで，自分の数字がどうなのかということを子どもも把握することができます。

②

┌─ 仲間づくりと数 ─────────────────┐

1年

数を正しく読めない

なぜつまずくのか

　数字を1から10まで順番に読むと，

　いち，に，さん，し，ご，ろく，しち，はち，く，じゅう

になります。一方で，10から1まで逆に読むと，

　じゅう，きゅう，はち，なな，ろく，ご，よん，さん，に，いち

というように，すべて同じ読み方にはなりません。

　4は「し」と「よん」，7は「しち」と「なな」

と読み方が変わります。このことにより，正しく読むことにつまず

いてしまう可能性があります。

　そして，数を書いたり，読んだりすることはなんとなくはできる

ものの，本当の意味で数を理解することができておらず，つまずい

ている可能性もあります。

内容のポイント

　数を理解しているとは，数と数字と数詞が対応しているということで

す。数とは，ものの集合に1対1の対応を付けて抽象したもの，対等な

集合に共通な性質が数の概念になります。「●●●」にしても「111」に

しても共通していることは「3」ということです。数字とは数を表現す

る記号のことです。数詞とは数の読み方のことです。

　1年生入学時で数字を書けたり，読んだりすることができる子は多く

います。しかし，しっかりと関連付けるところからが小学校算数のスタ

ートなのです。

つまずき指導

1 数字を書きながら数える練習をする

　数字を実際に書きながら，数える練習します。そうすることで，数字と数詞とを関連付けることができます。

2 数字を見ながら数える練習をする

　数字を実際に見ながら，数字を指さしながら，数える練習をすることで，数字と数詞とを関連付けることができます。

3 物を使って数える練習をする

　単に，数字を1から10まで順番に読んだり，10から1まで逆に読んだりする練習を行うのではなく，ブロック，積み木，鉛筆などを目の前に置いて，「1個，2個，3個〜」といったように声を出して，数えていきます。先生も一緒になって数えていきます。物を使って数える練習をすることで，数と数詞とを関連付けることができます。

4 物を1対1で対応させる

　教科書に載っている動物の上にブロックを1個載せると，動物とブロックは同じ数だということが分かります。このように，1対1で対応するものをセットにして数えていく練習をしていきます。さらにどちらかが余ることで，どちらが多い・少ないということも理解することができるようになります。

　数の大小を理解することで，「10は6より4大きい」「1は5より4少ない」といった数の順序を把握することができます。

③

仲間づくりと数

1年

いくつといくつのいくつを求められない①

なぜつまずくのか

　この単元でよく見かけるのが、「5は1といくつ？（先生）」「4！（子ども）」「1と4でいくつ？（先生）」「5！（子ども）」といった問題を繰り返し行っている授業です。また、「ブロックを5個出しなさい」→「1個右にずらしなさい」→「何個と何個になりましたか」→「また1個右にずらしなさい」……といった先生の指示だけで進む授業も見かけます。

　これだと、子どもが数の合成・分解をしているようで暗記しているだけ、先生からの指示だけで動いており、思考していません。つまり、数を子どもたち自身で合成・分解する経験が足りていないため、いくつといくつを求めることにつまずいていると考えられます。

内容のポイント

　1年生ではこの後の学習で、繰り上がりのあるたし算や繰り下がりのあるひき算といった単元があります。そこでは、数を合成・分解して、「10のまとまり」をつくるということがポイントになってきます。

　さらに、後の学年では「12×3」のかけ算を「9×3」と「3×3」と分解するという発想が必要になってきます。

　そのために、本単元ではブロックなどを使い、子どもたち自身で合成・分解する活動を十分に行い、「1と4」「2と3」といったように順序立てていきたいものです。

つまずき指導

1☞ 何種類あるのかな？

「10はいくつといくつに分けることができるだろう」という課題を出します。実際に、ブロックを10個出し、各々で分解させます。その後、一斉に「いくつといくつ」と言わせると、子どもたちの答えが揃うことはありません。

そこで、「10は、いくつといくつを何種類に分けることができるのか」という課題を出し、考える時間を設けます。ブロックで考えたい子はブロックで、指を数える子は指で考えるようにします。いくつといくつがあったのかをノートに書かせていくとよりよいです。

そして、全体で何種類あるのかを共有していくことで、子ども自身で数を合成・分解する経験を積むことができます。また「1と9」「2と8」といったように順序立ててまとめていきます。

2☞ クイズを出し合う

例えば、ブロックを9個出します。これらを子どもたちと数えた後、先生が何個かを手で隠し、「先生は何個持っているでしょうか？」と問題を出します。子どもたちは残っているブロックから考えることになります。答えを言った後は、またブロックを持つ個数を変えて繰り返し行っていきます。次に2人1組になり、子どもたちで問題を出し合い、答えていく活動を行っていきます。質問者・回答者になることで、数の合成・分解について考えていくことができます。毎時間、短時間でもよいので取り組むと効果的です。

④

1年　仲間づくりと数

いくつといくつのいくつを求められない②

なぜつまずくのか

　算数の授業中に正しく立式した後，鉛筆を置いて指を折りながら「1，2，3…」と一生懸命計算する子どもを見かけることがあります。1年生では，教科書の絵を数えたり，数図ブロックを動かしたりと具体的な活動を通じて理解を深めます。こうした活動を積み重ねることで，次第に具体物がなくても頭の中で操作できるようになります。

　暗算が苦手な子は，この段階でつまずく可能性があります。具体物を伴わない数を抽象化できず，念頭操作が難しいため暗算につまずいているのです。

内容のポイント

　1年生で学ぶ様々な単元では，具体的な操作を繰り返し体験させることが大切です。形式的な言葉や方法に急がず，十分な操作とイメージを伴った記憶を目指します。本項の暗算も例外ではありません。そうした指導を続けることで，繰り上がりのある計算を念頭操作できる子どもを育てます。

　一方で，指を折って計算する姿を見ると，「算数が苦手」「計算に苦労している」といった否定的な見方をしがちです。しかし，「正解にたどり着こうと努力している」という肯定的な見方もできます。本人にとって最も正確な方法なのかもしれません。教師の価値観だけで判断せず，長い目で指導したいものです。

36

つまずき指導

1 👉 基本的には認めるという姿勢で関わる。

　教師という仕事柄，「子どもを変えてやろう」と思う方は多いでしょう。しかし，無視してはいけないのは本人の思いです。子どもに指を使った計算をやめさせるのは簡単ですが，本人は「どうしてダメなの」「この方が分かりやすいのに」と感じているかもしれません。

　1年生も大人と同じように，自分がよいと思う方法を選びます。よさを感じないまま強制的に一つの方法を取らせても効果は薄いです。「先生に言われたから」と従うだけの主体性に欠けた子どもや，算数を嫌いになる可能性もあります。まずは指で計算する姿を認め，観察しましょう。「自信がないのかな」「本人なりの方略かな」などと探ることが大切です。

2 👉 実態を見取り，選択肢を提案してみる

　一方で，「いつかできるようになる」と見守ることに抵抗を感じる方もいるかもしれません。そこで，考えられる手立てとしては「選択肢を提案してみる」ということです。例えば「絵にかいてみたら？」のように，指計算とは違う方法があることを伝え，一度その方法を体験してもらうのです。その上でよさを感じて同じ方法を使い続ける子もいれば，元の方法に戻る子もいるでしょう。今は難しくても，数ヶ月後，数年後にそのよさに気付くかもしれません。このような場面では，絶対の方法はありません。大切なのは，子どもの実態を見取りながら現状とは異なる方法に教師の方から提案することで出合わせ，子どもに自分で選択する経験を積ませてあげることではないでしょうか。

⑤ 1年 ― 何番目 ― 集合数と順序数が区別できない

なぜつまずくのか

　1年生が学ぶ数の意味は大きく分けて2つあります。1つは箱の中にあるボールの総数「4個」などの「個数」を表す数，これを集合数と言います。もう1つは，何かを数えるときの「1番目，2番目」など，規準から「順序」を表す数，これを順序数と言います。

　また，これらの数は関連しています。例えば，お店の前に並んでいる人数を数えるとき，「1人，2人，3人…」と数え，最後の人の番号から全体の人数を知ります。これは順序数を基に集合数を見つけていることになります。このように，数の見方が関連しているため，「集合数」と「順序数」の区別で混乱する子どもが現れてしまうのです。

内容のポイント

　集合数と順序数の区別をつけるポイントは，その数が表しているのが「集合」なのか「順序」なのかを見分けることです。例えば，下のリンゴを数える際に「何個ですか」と単に発問すると，「1，2，3，4」と順序数を数えて，リンゴに1つずつ対応させた「4」を答えている子を取りこぼすかもしれません。

　集合数と順序数を視覚的に理解できるよう，右のように1つずつ指さしたり，手で囲ったりして「集合」か「順序」かを分かりやすく示す支援が考えられます。

つまずき指導

1. ズレから子どもが気付く展開にする

　集合数と順序数の理解が曖昧であることを逆手に取り，授業をデザインします。例えば，以下のような絵を用意し，「3つ色を塗りましょう」「3番目に色を塗りましょう」と曖昧な指示を出します。はじめは，何も考えずに色を塗る子が多いでしょう。3つまとめて塗った子，ばらばらに塗った子，前から3番目や後ろから3番目に塗った子など，多様な結果が見られるはずです。

　活動を繰り返す中で，集合数と順序数の違いを理解したり，「前からですか？」と質問したりするようになります。この活動を通して，集合数と順序数の違いや，「前（後ろ）から」など基準を示す表現の必要性に気付かせるのが，この単元指導のポイントです。

2. 隙間時間でできるゲームで定着を図る

　授業を経ても，なんとなく分かっているけど曖昧な子や理解が難しい子もいます。

　そんなときは，隙間時間にできるゲームで楽しく定着を図るのも一つの方法です。教室で前後の1列ずつでチームをつくり，先生が出すお題に合わせて子どもたちは立つか座るかを判断します。「前から3人！」「前から3番目！」など，集合数と順序数を交え，子どもたちが正しく反応できているかを見ます。短時間でいいので繰り返し取り組むことで定着が期待できます。

⑥

1年 | たし算

問題を把握することが
できない

なぜ つまずく のか

　算数の学習では，基本的に教師が問題を提示することから始まります。しかし，その問題場面が理解できずに内容についていけない子どももいます。こうした子は，余程の勇気がない限り，自分が理解できていないことを言えません。一方で授業はどんどん進んでいきます。このような授業を繰り返すと算数に苦手意識をもってしまうのも無理はありません。

　子どもたちも，大人と同じように言葉の捉え方や生活経験が異なるため，イメージする場面に違いが生じます。「問題を把握すること」につまずく原因は，①問題場面を把握する力をつけていない，②問題の提示の仕方に課題があるという二つが考えられます。

内容の ポイント

　研究授業などでよく見られる手法として「教科書の問題文を画用紙で提示」「教科書の問題文を印刷したものを配布」する光景がありますが，それでは一度に多くの情報を処理しきれず，問題場面をイメージしづらい子どもがいます。算数の学習において「つまずき」は学びを深めるために必要ですが，上記のような教師側に原因があるつまずきは，学びの深まりにつながらない不必要なつまずきです。子どもによって言葉の捉え方や生活経験が異なることを把握した上で，多くの子が具体的に問題場面を把握できるような提示の仕方を，どの学年においても考えていきたいものです。

つまずき指導

1 🖝 問題を把握する場面に時間をかける

　つまずき指導の一つとして，問題を把握する場面で時間をかけるという手立てが考えられます。例えば「公園に遊びに来た子どもの総数を考える」という問題の場合，子どもが公園に遊びに来ている場面を目の前で再現してから問題文を書くだけでも，子どもたちは場面を具体的にイメージできるようになります。本時の場面を捉えるには，子どもたちにとって生活経験が不足していると考えられる場合にも有効な手立てとなります。

2 🖝 問題文の書き方を一工夫してみる

　毎日扱う教科書の問題をそのまま黒板に板書してもよいのですが，子どもが問題文の場面を理解しやすくなる書き方を1つ紹介します。

```
こうえんで こどもが あそんでいます。（状況）
はじめに 3 にん あそんで いました。（条件①）
あとから 4 人 あそびに きました。（条件②）
こどもは ぜんぶで なんにんに なりましたか。（何を求めるか）
```

　状況や条件などに分けて板書することで一つ一つの情報が捉えやすくなり，子どもたちの頭の中に問題場面のイメージが具体的に描かれます。

　逆に，問題文を情報が欠けていたり破綻していたりする状態で板書することも有効です。子どもたちは「この問題おかしいよ」「これだけじゃ解けないよ」と呟いてくれるでしょう。教師が「そんなはずないよ」ととぼけると，子どもたちは一生懸命場面について説明したり，図で整理したりして問題のおかしさを示そうとするでしょう。このようにして，場面を捉えたり図で整理したりする力を育てることもできます。大切なのは日々の指導の積み重ねです。

⑦ 1年 ひき算

求差のひき算ができない

なぜつまずくのか

　1年生のひき算の学習は「求残」の問題場面を学習してから計算として定着を図り，その後「求差」の問題場面を扱い，ひき算の場を広げる流れになっています。しかし，授業中に「求残」の場面では正しく立式できる子でも，「求差」の場面では正しく立式できない子どもが少なくありません。

　「求残」の場面は，一つの数量が変化する場面であり，「求差」の場面は二つの数量の関係を表す場面です。子どもたちに「ひき算のお話ってどんなお話かな？」と聞くと「なくなる」「減る」などと，「求残」の場面をイメージする子どもが多く，逆に「求差」の場面をイメージできる子どもは少ない傾向があります。このつまずきは「多くの子にとって二つの数量の関係を意識するのが難しいこと」が原因と考えられます。

図1. 求残の場面

図2. 求差の場面

差

内容のポイント

　「求差」のひき算は1年生で学習しますが，多くの子にとってすぐに理解できるものではありません。「求差」の問題場面には大きなハードルがあるため，教師はその点を理解しておくことが大切です。その上で，二つの数量の関係に着目しやすい場面で，具体物を操作したり，図で関係を整理したりして解決する経験を積ませる必要があります。

つまずき指導

1☞ じゃんけんゲーム

例えば，ブロックを5個ずつ持ってスタートします。「相手とじゃんけんをして，勝ったらブロックを1つもらう」というルールを確認した後，子どもたちに自由に活動をさせます。その後，「相手とのブロックの差はいくつなのか」を考えたり，差の求め方を全体で共有したりしていきます。子どもたちの実態に応じてはじめの数を変えたり，「差が○になったら終了」などルールを修正したりすることも考えられます。差が必ず偶数になることを利用することもできるでしょう。

このような活動を通して，二つの数量の関係に着目したり，実際に操作で確かめたり，場面を式に表したりする経験を積ませていきます。

図3．Aが勝った場合

2☞ 式と図や具体物を関連付ける

「差」は二つの数量の関係に着目しないといけないので，子どもにとって理解が難しいことはこれまでに書いてある通りです。正しく立式できる子でも，自分の考えを説明するとなると，うまく言語化できず，考えがうまく共有されないことが予想されます。そこで有効に働くのが図表現や具体物です。考えを交流するときに「言葉」「図表現（具体物）」「式」をつなげることで「差」への理解を深めることをねらいます。

例えば，「式にある○という数は図のどこのことかな？」などと問い返します。子どもたちは，自然と式や図表現（具体物）を関連付けて考えることになります。このやり取りを通して，「求差の式はどういう意味なのか」「差とはどの部分を見ればいいのか」などの考え方を少しずつ獲得していきます。

⑧

1年

──── 10より大きい数 ────

十進位取り記数法の
仕組みが分からない①

なぜつまずくのか

　例えば，16個のどんぐりを数えさせます。このとき，数を「10のまとまり」と「バラ6個」というように見てほしいわけです。しかし，10という数で区切ることなく，"はち，く，じゅう，じゅういち，じゅうに，…"とそのまま連なって数えてしまう。そんな子がいます。こういった子は，11や12といった数をこれまでの1〜10のように，単体として捉えている可能性があります。また，16という数を「106」と表記してしまう子もいます。これは「じゅうろく」という読み方をそのままに「10（じゅう）6（ろく）」としているのです。

内容のポイント

　この単元で学ぶ"10より大きい"数は，これまでに学んだ1〜10という数と大きく異なります。それは2桁になったことで，十の位という新たな役割が生まれるからです。

　数は10個集まると新たな位をつくる仕組み（十進数），16の「1」は2桁目にあるので10を意味するということ（位取りの原理），そしてそういった数の書き表し方（記数法），総じて十進位取り記数法の理解は，この単元からスタートしていると言ってよいでしょう。今後学ぶ大きな数や，筆算を用いた計算などは，すべてこの十進位取り記数法に基づいて考えられているということを，教師がよく知っておく必要があるでしょう。

44

つまずき指導

1👉 いくつあるかな

まずは，絵の上にブロックを置くという作業をきちんとやらせましょう。ブロックは絵と違って動かすことができるので，ブロックを並べ替えていくのです。このとき，子どもが持っている10個のブロックが入れられる箱を使うことで，10とバラという整理がしやすくなります。ブロックのケースでなくても，10個用の卵パックなどでも代用可能です。

また，右下のように，それぞれの数のカードを重ねて見せるようにすると10を超す数は，10とバラで表現されていることの理解にもつながっていきます。

2👉 おはじき取りじゃんけんをする

おはじき（どんぐりなどでも可）を一人に10個ずつ持たせます。隣同士の友達など，2人組でじゃんけんゲームをします。勝てば相手からおはじきが1個もらえます。少しの時間を置いたら，2人の持っている数の結果を調べさせます。

このとき，教師は「相手より何回多く勝ったか分かるかな？」という声かけを入れるようにします。そうすることで，13個のおはじきを持っている子は，もともと10個あって，それより3個多いから，3回多く勝ったということが分かります。10とバラという数の見方ができるようになっていきます。また，このゲームは，自分と相手の合計が20である点からも，20の合成・分解の学習の素地にもなっています。

⑨

1年 ┤10より大きい数├

十進位取り記数法の
仕組みが分からない②

なぜつまずくのか

　この単元でつまずく子どもの多くは，"10の束"という意識が弱いと考えられます。例えば35個のおはじきを数えるときに，10ずつという発想にならない子どもがいるわけです。そんな子たちは，2とびや5とびといった数え方の操作の方にばかり目が向く傾向にあります。「5，10，15，20，…」と数えていけば，確かに35という数にはたどり着きますが，これは手早く数えただけにすぎません。ばらばらのブロックが，見た目上でも35個あることが分かるようにしていくという価値観をもたせていく必要があるのです。

内容のポイント

　これまで16という数の1は十が1つであり，6は一が6つあるということを表しており，2つの数はその位取りの位置によってもつ意味が違うことを理解してきているはずです。しかし，ここではまだ十の位は1だけだったので，十の位も一の位と同じようにいくつ分を表すことができるということをきちんと理解させる必要があります。19（じゅうく）の次は20であり，"じゅうじゅう"ではないことをスタートに，十進位取り記数法についてしっかりと理解をさせていきたいものです。1年生では120程度までの数を扱い，10が10個集まった場合は100と表されることも学びますが，10個集まると数の表し方（桁数）が変わることを発見させていく学習を取り入れることも大切になっていきます。

つまずき指導

1 👉 数が分かるようにおはじきを置いてみよう

　前述したように，工夫して数えることの価値を，ここでしっかりと身に付けさせたいものです。おはじきを5とびで35個と数えられたら，今度は「35という数字を書かないで，35個だと分かるようにおはじきを置いてみよう」と投げかけてみます。こうすることで，10のまとまりを3つとあと5個という置き方をしてくれるようになるわけですが，中にはおはじきを35に見えるように置く子も現れます。他にも，7のまとまりを5つつくるような子どもも出てきます。7のまとまりは，きれいに5列に並ぶのでよさそうにも見えますが，いつも使える方法ではありません。どんな数のときでも同じように分かりやすくという視点をもたせ，10の束をつくるということに意識を向けさせていきましょう。

2 👉 20個のブロックで35を表すことはできるかな

　今度は35という数を，自分のブロックで表現するように伝えます。子どもが自身で持っているのは20個程度。一人で35個分を用意できません。このように投げかけると，「お友達と一緒ならできる」と言う子がいる中で，表現方法を工夫する子も出てきます。

　それが右のような例です。ブロックの表裏の色の違いを使い，一方は10を表すブロック，もう一方は1を表すブロックとするのです。この表現方法をすることで，35の3と5は，その数のもつ意味が違うということがブロックの色からもはっきりさせることができるので，位取りの原理のより深い理解が得られるようになります。そして，この方法であれば，20個のブロックで2桁の数のすべてを表現できるようにもなるのです。

⑩

繰り上がりのあるたし算

1年 繰り上がりのあるたし算ができない

なぜつまずくのか

　「繰り上がりのない計算の指導を終え，ようやく繰り上がりのあるたし算の学習だ！」と意気込んで指導を行ったものの，一人で考える時間になると鉛筆が止まる子が教室にはいます。「さくらんぼ算は前分け作戦も後ろ分け作戦も扱ったのになぜ……」と思うかもしれません。子どものつまずきは多岐にわたりますが，このような子どもは「なぜ，数を分けるのかが分からない」「前と後ろのどちらを分けたらいいのか分からない」「いくつといくつに分ければいいのか分からない」などと戸惑ってしまっている可能性があります。このつまずきは，「数を分ける」手段にばかり目が行き，その目的を理解できていないことが原因だと考えられます。

内容のポイント

　この単元で大切なことは「数の合成と分解」です。「8＋6」という式を例に考えます。「数の合成と分解」とは「8＋6」の8を見て「あと2で10だな」と気付くことと，同時に6を見て「6は2と4に分けられるな」と気付くことができることです。このような数感覚は一朝一夕で身に付くものではないので，本単元の前に短時間でも数感覚を磨いておく必要があります。実際の指導では「さくらんぼ算」などで数を分解して計算するでしょうが，大切なのは「前と後ろのどちらを分けるか」ではなく，「何とかして10をつくり出そう」という発想に気付かせることです。

48

つまずき指導

1 👉 焼き肉10

　補数を考えることにつまずいている場合，アクティビティを通して，楽しく10の補数を考える練習ができるようにします。③（p.35）にあるようなブロックを使う活動もいいでしょう。

　ここでは，準備物なしで行えるアクティビティを紹介します。「焼き肉10」はその名の通り，お肉が焼ける音の「ジュ〜」と「10」をかけています。やり方としては，手で焼き肉を焼く動作をしながら「やきにく，やきにく，101010」と全員でリズムよく唱えていきます。次に先生が「4と？」と尋ねると子どもたちは「6で101010（ジュ〜ジュ〜ジュ〜）」とお肉を焼く動作をしながら答えます。このような問答を繰り返すことで，10の補数を瞬間的に答えられるように訓練していきます。慣れてくれば，子どもたちに先生役を任せてもいいかもしれません。

2 👉 手段ではなく，目的を明確にする

　前述したように，多くの子どものつまずきとして「なぜ数を分けるのか」が理解できない，「いくつといくつに分ければよいのか」が分からないというものが挙げられます。

　実際の授業では「数を分ける」という考えが子どもたちから引き出された際に，「どうして数を分けようと思ったの？」「どうして○と○に分けたの？」などと問い返し，「10をつくりたかったから」という考えを引き出すようにします。こうして，「前分け」「後ろ分け」と別々に覚えるのではなく，「10をつくるために分ける」と目的を捉えていきます。

⑪

1年 繰り下がりのあるひき算

繰り下がりのあるひき算ができない

なぜつまずくのか

本単元でつまずいている子どもの姿として具体的なものを紹介します。

例えば，「13 − 9 ＝ 2」という計算をしている子どもです。この子どもは，13を「10と3」に正しく分けることができています。お

$$1\ 3\ -\ 9\ =\ 2$$
$$3\ 10\qquad 1$$

そらく「10 − 9 ＝ 1」と計算し，「3 − 1 ＝ 2」と計算したのだと予想されます。「ひき算なのになぜ最後にたし算をするのか」というつまずきです。このようなつまずきは具体物を伴って，演算をイメージする経験が不足していると言えます。

内容のポイント

本単元は1年生における難単元なので，特に丁寧な指導を行いましょう。繰り上がりのあるたし算と同様に「数の合成と分解」が重要です。

繰り下がりのあるひき算は大きく分けて2つの方法があります。1つは，「6を4と2に分け，14 − 4 ＝ 10，10 − 2 ＝ 8」というようにひき算が2回続く「減減法」です。もう一つは「減加法」で，「10 − 6 ＝ 4，4 ＋ 4 ＝ 8」のように一度ひいてからたす方法です。よくこの2つで混乱しますが，「分けて計算して後でたす」発想は，繰り上がりのあるたし算と同じなのです。

50

つまずき指導

1👉 まずは具体物でイメージをもたせる

この単元の学習において大切なことは，具体物と式記述を交互に行うことです。

どちらかだけでは，子どもの理解は十分なものになりにくいからです。「14 − 6」を例に挙げると，まず黒板に式を板書します。

そして数図ブロック等の具体物を登場させます。このとき10のまとまりを子どもに意識させましょう。そして，「4から6はひけない」「10と4に分ける」「6をひいて残りをたす」というステップを具体物と式を往還しながら確かめていきます。このように具体と抽象を関連付けることで「ひき算なのに，なぜ最後にたすのか」というつまずきを乗り越えられるようにしていくことをねらいます。減々法の場合も同様に導入します。

2👉 どちらを分けるかよりも，なぜ分けたかを大切にする

ブロックなどの具体物で十分経験を積ませたら，いよいよ具体物なしで数の操作だけで計算できるようにします。このときに大切なのは「前と後ろの数のどちらを分けるか」ではありません。むしろ「なぜ，その数に分けたのか」です。例えば「14 − 6」であれば，なぜ「10と4」「2と4」に分けたのかということを全体で扱いたいです。そうすることで，「10をつくりたかった」「ひける数をつくりたかった」という目的が共有され，「いくつといくつに分けたらいいのか？」というつまずきが少しずつ解消されます。また，数の分解につまずきが見られる場合，前項の「焼き肉10」などの活動に繰り返し取り組むことも有効です。

⑫ 1年 ─ 大きい数

数のまとまりを意識できない

なぜつまずくのか

　右のようなある物の総数を数える問題でよく見かける子どもの姿として、一つ一つのケーキを丁寧に数えて途中で今いくつあるのか分からなくなったり、既に数えたものをもう一度数えたりして、総数を数え間違えている姿があります。

　このようなつまずきの主な原因として「まとまりという考え方が理解できておらず一つ一つ数えるしかない」と「まとまりに着目して数えるよさを感じる経験が不足しており、まとまりで数えようと思わない」という２つが考えられます。

内容のポイント

　1年生では「10が6個で60」のように、10のまとまりと端数に着目して数を数えたり、2ずつ、5ずつなどの同じ大きさのまとまりに着目して数えたりする学習を行います。後の学年では、「100が1個と10が2個、1が3個で123」や「3のまとまりが4つで12」などと、まとまりの考えを広げて考え、物の数を数える学習が控えています。また、数をまとまりに着目して捉えることができれば、23を「20と3」とみて分けて計算するなど計算方法を豊かに思いつくことにもつながってきます。

　このような点から、1年生のうちから「まとまり」という考えに十分慣らしていきたいものです。

つまずき指導

1️⃣ 具体物を操作する活動を十分に行う

　数の概念を形成し感覚を養うには，具体物を数える経験が欠かせません。こうした活動は，集中力が続かない子も楽しく参加しやすいです。

　例えば，1円玉を数える活動を設定すると，はじめは1枚ずつ丁寧に数える子が多いかもしれません。その中で2ずつや5ずつ数える子がいれば，「どうしてそうしようと思ったの？」と問いかけ，「早く数えられるから」という言葉を引き出し，まとまりのよさを実感できるように展開します。

　さらに「何個あるかパッと分かる並べ方をしてみよう」と声をかけると，5や10のまとまりをつくる子も出てくるでしょう。こうした場面を設定し，繰り返し経験させることで「まとまり」に対する理解を深めます。

2️⃣ 日常の中でも繰り返し触れさせる

　日常生活にも「まとまり」を意識できる場面が多くあります。例えば，朝の連絡帳を集める際，「どうやったら素早く数えられるかな」と問いかけると，授業内容を活かして「2冊ずつ数えたら早い！」「10冊まとめると分かりやすい！」などの意見が出るかもしれません。

　そういった目で普段の生活を見回してみると，意外とたくさんの場面が隠されていることに気付きます。

　大切なことは，「この単元で全員を完璧に仕上げよう」と思わないことです。子どもにとって難しい考えは，授業で丁寧に扱った後は繰り返し日常の中で触れさせることで，少しずつ理解を深めたりよさに触れたりさせる意識をもてば，教師もゆとりをもって指導することができます。

⑬

1年 　━大きい数━

数に対する感覚が
つかめない

なぜつまずくのか

　以下のような問題を授業で扱っているときのことを考えます。
「けんとさんは　どんぐりを　70こ，ことみさんは　20こ　ひろ
いました。あわせて　なんこ　ひろいましたか」

　子どもたちに「式を立ててごらん」と声をかけ，「70＋20」とス
ムーズに展開し安心していると，「90」ではなく「72」などの間違
った答えを書いている子を見かけます。大人が見ると「70に20
をたしているのだから80より小さくなるわけがない」と思います
が，子どもは真剣です。このように，大人が「明らかにおかしい」
と思うような式や答えでも，気付かずに見逃すことがあります。

　例えば，「計算の性質・結果を概数で見積もる感覚」を数に対す
る感覚といいます。つまり，数の構成や計算だけでなく，数に対す
る感覚が育っていないため，間違った計算に気付かずにつまずいて
いる可能性があります。

内容のポイント

　「答えはきっとこれくらいになりそうだ」「この答えは明らかにおかし
い」といった数に対する感覚の育ちには個人差があります。スポーツに
得意不得意があるように，すぐに感覚をつかむ子もいれば，なかなかつ
かめない子もいます。しかし，諦めずに継続的な指導を積めば少しずつ
身に付いていきます。教師は心にゆとりを持ち，意図をもって継続的に
指導することが大切です。

つまずき指導

1年

1 👉 早押しクイズ「10 より大きいかな」

　前述したような数感覚を育てるために，例えば以下のような活動を考えます。「6 + 3」などと 1 桁同士のたし算が書かれた計算カードをたくさん用意します。そして一つずつ正確に計算するのではなく「10 より大きくなるかどうか」を判断していきます。そのためには「6 はあと 4 で 10」「3 は 4 より小さいから 10 にはならない」というように判断していきます。これは「10 の補数」や「数の合成・分解」を鍛えることにもつながります。慣れてくれば，ペアで 2 枚ずつ数カードをめくり，「○ + ○」の式を完成させるところから始めても楽しいでしょう。

| 6 + 3 | 7 + 4 |
| 8 + 3 | 9 + 2 |

　毎回の授業でこのような活動を入れるべきかは検討する必要がありますが，隙間時間でもひと工夫で数感覚を鍛えていくことができます。

2 👉 間違いを修正していく中で身に付ける

　算数は，基本的に答えが 1 つに定まるという特性があり，学習において「誤答」「誤概念」と呼ばれるものと切っても切り離せない関係にあります。そういったものを活用して，数感覚を育むことを考えてみます。

　例えば「繰り下がりのあるひき算」の学習場面。「12 − 9」という問題を扱ったときに，答えを「17」と書いたとします。恐らく子どもたちは「違う！」と反応するでしょう。「どうして間違いだと思ったの」などと問えば，「上の数字（12）からひかないとダメ」「そもそも答えがおかしい」などと答えてくれるかもしれません。「答えがおかしいってどういうこと？」と問えば，「12 からひいているのに，答えが増えている」などと語ってくれるでしょう。このような感覚を焦らずじっくりと育てていきたいものです。

55

⑭

―たし算とひき算―

1年 問題場面を読み取って立式できない

なぜつまずくのか

　たし算やひき算の単元でよく見かけるのが，「2－7」など，問題文の順や大きな数順に立式してしまい，つまずいている子どもの姿です。実はたし算やひき算の問題場面は，それぞれの単元で扱われているとき，文章をきちんと読み取らなくても立式できてしまうことが多いです。これは教科書会社が，子どもたちが本時の内容に焦点を当てやすくするためにあえて行っている工夫です。しかし，その経験を繰り返すことで「問題の順番に式にすればいい」「昨日ひき算を勉強したから今日もひき算でしょ」と考えてしまう子が多いです。問題場面をイメージしたり，絵や図に表したりして数学的に捉える活動を低学年のうちからできるようにすることが大切だと考えます。

内容のポイント

　「問題場面をイメージしたり，絵や図に表したりして数学的に捉える活動」を，低学年のうちからできるようにすることが大切です。例えば2年生では，「どんな計算になるのかな」と，たし算やひき算が混ざった出題があり，問題場面をイメージしながら立式することをねらった単元が教科書に採用されています。しかし，指導時数が短く，子どもたちに価値が浸透する前に次の単元に進んでしまったり，「今回はたまたまでしょ」と受け入れられたりすることがあります。このようなつまずきや誤解に対しては，継続的な指導が必要です。

56

つまずき指導

1 いつもの問題文に少しだけ工夫する

　ここでは日々の業務に追われ多忙な先生方でも，少しの工夫でできる方法を紹介します。例えば，次のような問題を扱う授業を考えます。

> 12個のおまんじゅうがあります。7個食べました。
> 残りは何個でしょうか。

　このままでは問題場面をイメージしなくても「12－7」と立式ができてしまいます。そこで，問題文に少しだけ工夫をしてみます。

> みさきさんは，おまんじゅうを食べています。
> 7個食べました。残りは何個でしょうか。
> （ちなみに最初は12個ありました）

　このように，問題文の順序を変えたり（　）の部分を隠したりして提示したときに，子どもがどのようにイメージして立式していくのかを見取るようにします。子どもの呟きに「どうしてその数が知りたいの？」「難しいね。図に整理してみようか」などと問い返すことも考えられます。もちろん，最初の段階では正しく立式できない子が多く現れることも予想されます。しかし，継続的に取り組んでいくことで確実に力はついていきます。「子どものつまずきや誤概念の修正には時間がかかる」ということを我々教師は覚悟しておく必要があります。

2 日々の計算プリントにひと工夫加える

　上のような手立てが打ちにくいときは例えば，日々の算数プリントにたし算とひき算を混ぜてみたり，問題文を工夫することもできます。子どもが「問題文の順番とは限らない」と思うようになることが大切です。

⑮

> たし算とひき算

1年 この問題が何算かが分からない

なぜつまずくのか

　算数の学習の多くは，問題文から演算を決定し，式と答えを確認する流れで行います。演算決定の場面でよく見かけるのが，文章中の言葉に着目し「残りと書いているからひき算だ」などと自信をもって発言する子どもです。これは，子どもが問題文から正しく演算を決定しているように見えますが，実は文言に反応しているだけで，問題場面のイメージが不十分なまま学習が進んでいる可能性があります。演算決定でつまずいている子の多くは，問題場面のイメージを膨らませたり，演算を決定したりする経験が不足しているため，問題場面と演算がつながらず，何算か分からずにつまずいていると考えられます。

内容のポイント

　文章問題が苦手な子どもは多く，特に1年生が苦しむのが，「花が8個咲いていました。今朝は13個咲いていました。何個増えましたか」といった逆思考の問題です。「咲いた」に着目すると，「8＋13」と立式してしまいます。そのため，問題を絵や図で表現し，そこから何算かを判断する活動を繰り返し行い，問題場面と演算のイメージをつなげる経験を繰り返し積ませることが大切です。

つまずき指導

1 図表現が必要な問題に取り組む

　たし算やひき算の問題場面は，それぞれの単元の中で扱われているときは同じ演算が繰り返し登場するため，文章をきちんと読み取らなくてもなんとなくで何算かを当てることができてしまいます。そのような中「一度図や絵に表しましょう」と声をかけても効果は薄いです。

　そこで，図表現に表したことで学びが深まった経験を演出することを考えます。例えば，先ほど紹介した逆思考の問題は，何算かにつまずく子どもが多いので，図表現を用いる必要感が子どもに生まれます。2つの式を比較してどちらの式が正しいのかを説明する活動を設定すれば，言葉だけでは難しいので，何かしらの図表現が必要になります。そのような経験を通して，子どもが「図に表すことは大切だな」「問題の言葉だけでは判断できないな」などの思いをもてるようにします。

2 全員が表現する時間を確保する

　絵や図表現に表すことができたとして，子どもたちには次に越えなければならないハードルが残っています。それは「演算決定ができるか」というハードルです。自分がかいた絵や図表現から何算かを判断することは，はじめのうちは難しい子どもが多いでしょう。

　そこで，授業の中で説明できる子どもの発言を真似たりノートに書いたりする活動を取り入れます。1年生という発達段階を考えると，長い文章を再現することは負荷が高いので，内容を絞ったり重要な語句を板書したりといった支援は必要です。しかし，繰り返し取り組んでいけば，着実に力がついていきます。いつまでも受け身の姿勢では，なかなかできるようにはなりません。時には適度な負荷をかけ，最終的には自分一人でできる力を身に付けることをねらいます。

⑯

┌─ たし算とひき算 ─┐

1年

問題を絵や図に表すことができない

なぜつまずくのか

　教科書には様々な図表現が登場しています。1年生でいうと「絵」や「〇を使った図」などが該当します。しかし，例えば「〇を使った図」などは問題場面に登場するものを極限まで抽象的に表したものであり，図表現を見ただけでは，この〇が何を表しているのかが分かりにくいという一面もあわせもちます。

　教科書で登場する図表現は，大人が説明するために考え出したものであり，子どもたちにとってはそのままでは使いにくかったり，理解しにくかったりするものも少なくありません。本項のようなつまずきをしている子どもは，図表現の使い方や意味を理解できていない可能性があります。

内容のポイント

　図表現は，算数において大切にしたい表現の一つです。言葉だけが飛び交う授業では，子どもの考えが広がりにくかったり，深い理解にたどり着きにくかったりします。自分の考えを具体物や図表現で表現する活動に，1年生の頃から繰り返し取り組みたいものです。4月に担当学年が決まったら，教科書を眺めて頻繁に登場する図表現を見つけましょう。それがその学年で指導したい図表現になります。1年生では「絵」や「〇を使った図」などが該当します。大事に指導したい図表現が決まったら，いきなり導入せず，子どもたちがその意味や使い方を理解できる展開を考えたいものです。

つまずき指導

1 子どもたちなりの絵からスタートする

　前述したように，教科書に登場する図表現の多くが，そのままでは子どもにとって使いにくかったり，理解しにくかったりするものになります。なので，子どもたちにいきなり「○を使った図」を導入することはできるだけ避けたいところです。

　まずは本時で扱う問題場面について，「ノートに絵を描いてみよう」と自由に取り組ませるところから始めます。最初のうちは，でき上がった絵を見比べて，問題に必要な情報と不要な情報について考える活動を取り入れてもいいでしょう。そういった経験を繰り返すことで，場面を抽象化することに慣れさせていきます。

　子どもたちが場面を絵に表すことに慣れてきたら，「10秒で描いてね」と条件を付け加えたり，登場する数値を大きくしたりして「絵に表すことが大変」な状況をつくっていきます。困った子どもは「絵を簡略化する」などの工夫を始めます。子どもから「○で表す」というアイデアが出なかったら，教師から「○を使った図」を教えてもいいでしょう。

　このように，徐々に難度や抽象度を上げるスモールステップを経験すれば，子どもたちも図表現を理解しやすくなります。

2 絵や図を使うことに慣れる時間を確保する

　子どもにとって「分かる」と「できる」の間には大きな隔たりがあります。そのため，通常の単元の学習だけでは，絵や図表現を使うことに慣れるまでに十分な時間を確保できない可能性があります。そこで時には「今日は図表現に慣れる時間」のように，柔軟に時間を確保することも考慮します。子どもたちの実態を見ながら，必要な手立てを打つことで，絵や図表現を使う力を育てていきましょう。

⑰ 1年 [長さ] 直線をうまくかくことができない

なぜつまずくのか

　子どもの実態は実に多様です。1年生も例外ではありません。同じ年齢でも発達の段階はそれぞれですし，保育園や幼稚園でどのような遊びを経験してきたのか，休みの日にはどのように過ごしているのかなど個人差を挙げ出せばきりがありません。「直線をうまくかくことができない」という現象を一つとってもその背景は多岐にわたります。鉛筆を握る力が弱い子，横の線は得意でも縦の線は苦手な子，細かい作業が苦手な子，直線が何か分かっていない子など，様々なつまずきが想定されます。1年生ができないことが多いのは当たり前です。大切なのは「こんなこともできないのか」ではなく，「その子がなぜつまずいているのか」を教師が見取り，適切な指導・支援をすることです。

内容のポイント

　図形領域は約束事を大切にする領域です。
　例えば，2年生で学習する三角形は「3本の直線で囲まれた図形」と約束されています。

㋐

㋑

　この約束事を基に，子どもたちは，「㋐や㋑は三角形ではない」と判断したり，正しく作図したりしていきます。「直線」はその約束事の最も根幹となる概念の一つであり，直線を引く技能は必ず習得させたい技能の一つです。1日，2日でマスターさせようとは思わずに，少しずつできる子を増やしていく心構えで臨みたいところです。

つまずき指導

1☞ 指の使い方などを細かく指導する

　直線のかき方を指導する前に，まず「直線」という概念を子どもたちと共有することが重要です。子どもは「まっすぐな線」は日常生活で目にしており，イメージをもっています。子どもたちに「まっすぐな線をかいてごらん」と言い，子どもがかいた直線を基にまっすぐな直線とはどんな線のことなのかを共有します。直線という言葉は2年生で学習しますが，学級の実態によっては教えてもいいと思います。このとき，斜めの線はまっすぐではないと思い込んでいる子もいるので，直線の傾きは関係ないことに触れておくといいです。その後は直線の引き方を指導します。近年は教えない指導が流行っていますが，「教えるべきことは教える」ことも教師の役割です。鉛筆の持ち方，力の入れ方，紙の回転など，できるだけ細かく指導します。定規を使う際，子どもは0の目盛りに意識が行きがちなので，「指を広げ，線の最初から最後まで支えられるようにしよう」と声かけをすると改善する可能性があります。

2☞ 楽しく練習できるワークを活用する

　丁寧に指導しても，すぐにできるようにならない子も当然存在します。技能の向上のために，毎日のノートの問題を囲む線を集中してかくというルールも考えられますし，子どもが楽しく反復練習できるように，右のような作業に取り組ませてもいいかもしれません。筆圧が弱い場合は，塗り絵などを用意してもいいでしょう。子ども一人ひとりの実態に寄り添いながら，適切な支援を考えたいものです。

⑱ 1年 [時間] 時計を読むこと（短針）ができない

なぜつまずくのか

短針を含める時計の読みで，一番つまずくのが，右のような時刻を読む問題です。長針が58分や59分のときの短針を読み間違えてしまうのです。図は4時58分ですが，短針が5の数を示しているように見えるので，5時58分と答えてしまいます。

何分かを表す長針用の数字はないので，子どもは長針については目盛りをよく見て答えますが，短針はどうしても見える数字になびいてしまいがちです。

内容のポイント

図のように4時を表す範囲は数字の4〜5であるということが理解されればいいのですが，4の数字の前後というように見てしまう子もいます。このあたりは教師が教えることでもあるので，きちんとした指導が必要になります。

また，何時何分という時刻を読むときには，まず短針（何時）から読むということも押さえるべきです。何時かを見当づけてから長針（何分）を読むというステップを理解するだけでも，時刻を読み間違えるということは少なくなっていきます。さらに，日頃から時刻を読むという習熟は行っていきたいものです。

つまずき指導

1️⃣ 短い針を読んでみよう

短針のみの時計模型で「〜時」の読みだけを練習します。

"ちょうど1時""1時の途中""2時に近い1時台"と，同じ1時でもいろいろあることを読み取らせていきましょう。この読み取りを繰り返し行うことで，1時というのは，時計で言うと数字の1ぴったりか，それ以降であることが感覚的に分かってきます。慣れてきた頃に，「これは2時ではないの？」と聞いてみてもよいでしょう。理解ができていれば，「2時ぴったりを越えないと2時とは言えない」という言葉が返ってくるはずです。

また，この活動を行うことで，実は短針だけである程度の何時何分が分かることにも気付きます。短針が1と2の間にあるだけで，およそ1時半ということも見えるようになってくるのです。

2️⃣ 比べてみよう

前頁の4時58分を5時58分と間違って読んでしまうつまずきについては，実際に時刻の読みを比較する活動で解消します。5時だと考える子は「数字の5を指しているから」が理由になっています。ここで先ほどの短針のみの練習に立ち返らせるのです。4時にも限りなく5時に近い位置を指す場合の4時があったことを思い出します。何分かについては58分は間違いないわけです。そこから，この時刻は4時58分であることを理解させていくのです。

さらに，「実際の5時58分はどうなるのかな」と，時計模型に表す活動を入れるとより理解が深まることでしょう。

⑲

時計

1年

時計を読むこと（長針）ができない

なぜつまずくのか

　時計の針を読むことが難しい原因はたくさんあります。

・デジタルに慣れていて，アナログ時計を見慣れていない

・60分が1時間分という，時計独自の60進法が馴染まない

・短針と長針を同時に読まなければいけないとともに，それぞれの
　読み方が違うこと

　特に長針は，数値が示されていません。目盛りを見てそれが何分を表すのかを判断しなければいけないのです。それだけでも大変なのに，短針の1～12までの数は表記があるので，見えている数と読むべき数が違い，より難しさが増すのです。

内容のポイント

　昔は小学校入学前から経験上で時計を読む感覚をもった子どもは多くいました。しかし近年のデジタル化で，アナログ時計の読みができない子どもは多くなっている傾向にあります。

　ですから，時計をきちんと読むということについて，よりしっかりとした指導が必要になります。また，時計は日常で当たり前のように使われるものです。この学習を基にしながら，日常のあらゆる場面で時計の読みを取り上げるようにするとよいでしょう。

　さらに，時刻と時刻の間に時間があることや，それを求めていくことなど生活に必要なことが2，3年生の学習として続いていきます。

つまずき指導

1 👉 時計をよく見てみよう

　時計を読めるようにしたいからと言って，すぐに読みの練習に走るべきではありません。まずはじっくり時計を観察させてみましょう。

　"時計の針は右回りであること""短針と長針があること（秒針も）""短針は長針よりゆっくり動くこと"，どの気付きも大人にとっては当たり前のことでしょう。実は，こういった当たり前とも言える気付きが，時計の学習に不可欠な時計模型を操作することにつながっていきます。時計模型を操作させることは，ブロックを使って計算するように習熟の助けになりますが，時計の特徴を知らずして使わせるのは酷なことです。模型を使わせてもできないと嘆く先生がいますが，まずは時計そのものをよく見るところから学習をスタートさせましょう。

2 👉 長い針を読んでみよう

　長針だけの時計を用意し，これで学習を行います。短針の場合もそうですが，まずは1つだけの針できちんと読み方を押さえます。また，長針だけと言っても，「長い針は60目盛り進みます」などと言ってしまってはいけません。しっかり，1目盛りずつ数え，「1分，2分，…60分で1周したね」と操作を通しての気付きを大切にしていきましょう。そして，60目盛り数える大変さを振り返り，「5とびで数える」ということもしていきます。5とびで数えると，いつも長い（太い）目盛りを通り，そこにはいつも数字が書かれていることにも気付きます。この気付きが，長針を簡単に読むことにもつながっていきます。

　とにかく，どの活動もゆっくりゆっくり進めます。大人にとっての当たり前が，子どもにはそうでないことを意識することが肝心です。

⑳

┌─── たし算の筆算 ───────────────────────┐

2年

繰り上がりを忘れる

なぜつまずくのか

　「まず一の位からたす」（たして10を超える場合は，繰り上がりの1を小さく書いておく）→「次に十の位をたす」（繰り上がりの1がある場合は，忘れずにたす）といった，手続きを伝え，ひたすら練習に取り組ませる指導がよく行われます。

　しかし，これではなぜ，そのようにするのか分からないまま，形式だけで筆算に取り組むようになるため，繰り上がりを忘れたり，忘れていることにすら気付かなかったりしてしまいます。つまり，筆算の意味よりも，形式を先行してしまうことが，筆算の過程で繰り上がりを忘れてしまうつまずきにつながっているのです。

内容のポイント

　右のことを意識して指導に当たることが重要です。

┌─────────────────────┐
│ ・位ごとに見る   │
│ ・単位のいくつ分で考える   │
│ ・10のまとまりをつくる   │
└─────────────────────┘

　たし算の筆算では，位を揃えて書き表しますが，このとき，「位を揃えましょう」とだけ伝えるのではなく，十の位同士，一の位同士で計算をするために揃えているということを，子どもたちが意識できることが大切です。位ごとに見ることは，「単位（1，10など）のいくつ分」で考えるといった計算の基本的な考え方につながります。位ごとにたして10のまとまりができる場合は，一つ上の位へと1繰り上げるといった形式と関連付けて筆算の意味理解を図っていくとよいでしょう。

68

つまずき指導

1 分けてたす

　例えば，右のような筆算に取り組む際，位ごとに分けてたすようにします。54を50と4，28を20と8に分けるのです。そうすることで，子どもは位ごとに見ることを意識するようになります。つまり，「単位のいくつ分」で考えて計算をするようになるため，繰り上がりがある場合は，必然的に10のまとまりが見えてきます。

　位ごとに分けてたすことは，「単位のいくつ分」で考えることにつながり，筆算の手続きの意味を理解するために有効です。

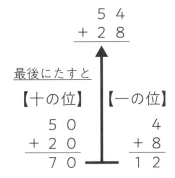

2 筆算づくり

　筆算の学習では，練習として，与えられた問題を反復的にこなす時間に費やす指導が多く見受けられます。これでは，ただ形式を使いこなす鍛錬にすぎません。そこで，右下のように筆算を穴埋めで提示し，0～9までの数カードをいろいろに当てはめて，自分で解いてみます。これだけで，位にどんな数を置くと簡単で，難しいかなど，位を意識して取り組むようになります。

　また，「答えが90（何十が10のまとまりを意識するのでよいでしょう）になる筆算をつくろう」といった課題を加えると，10のまとまりを意識せざるを得ないので，結果として，繰り上がりに焦点化して取り組むこともできます。

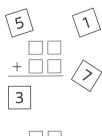

㉑

| 2年 | ひき算の筆算
十の位から繰り下げている
ことを忘れる |

なぜつまずくのか

　ひき算では，下のようなつまずきをよく見かけます。十の位から1繰り下げて計算するまではよいのですが，子どもの意識は既に一の位にあり，十の位をそのままにしてしまうのです。これは，繰り下げの1の意味が分かっていないことが考えられます。この十の位から繰り下げた1の意味は10のまとまりが1個であることは言うまでもありません。しかし，「1繰り下げる」という言葉を使って指導するため，子どもの「10のまとまりを1繰り下げている」という意識は薄らいできます。

内容のポイント

　「1繰り下げる」処理に「10のまとまりを1個繰り下げる」という意識を子どもがもてるように指導する必要があります。「10のまとまりを1個繰り下げた」という意識があれば，十の位に着目し，30から20に修正する意識が働きます。
　このように，日々の授業で使う算数の表現（本項では「1繰り下げる」）の意味を丁寧に扱うことが，筆算のような形式的な処理のつまずきを乗り越えるためには大切です。

つまずき指導

1. 間違いをあえて示す

　子どもがよくする間違いを教師があえて示すことで，子どもが修正したくなる展開にしてみます。繰り下げることを忘れているのであれば，その間違いを教師が黒板上で演じます。また，繰り下げる「1」の意味に着目させるのであれば，十の位から1繰り下げる際に，「30から1繰り下げるから3の上に29と書いておこうね」と，とぼけて「繰り下げた1は，10という意味だからダメだよ！」「30から10をひいて20だから，十の位の3の上には2って書かなきゃ！」と反論させます。

　子どものつまずきに気付くと，正しい方法を伝え修正したくなりますが，このような展開を通して，子ども自身が間違いに気付くことができるようにしたいものです。

2. 図を筆算に対応させる

　32－18を例に挙げると，下のような図を筆算に対応させます。このとき，位をきちんと区分けしたり，10のまとまりを囲んだりするなどの工夫があると筆算の繰り下がりの形式と図のイメージが一致しやすくなります。10のまとまりの移動が視覚的に捉えられると1繰り下げることの意味が理解できます。

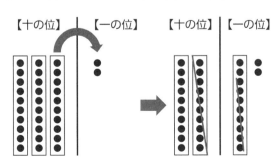

㉒ 2年 ―ひき算の筆算― 2回繰り下げることができない

なぜつまずくのか

　繰り下がりが2回あることで難しく感じ，途端に計算間違いが多くなります。繰り下がりの際，どの位からどの位へ繰り下げたのか分からなくなったり，百の位から一気に一の位に繰り下げたりしている場合もあります。特に，104－37のように，ひかれる数に空位の0があると，繰り下げられないと思い込んでしまいます。これは，筆算の意味や仕組みが理解できていないことが考えられます。筆算を数字の形式的な処理としてだけ扱い，その意味理解が不十分なままでいると，計算処理が少し複雑になるとつまずいてしまうのです。

内容のポイント

　桁数が多くなるほど，位に着目し，何のまとまりがいくつあるかを意識する必要があります。何のまとまりを繰り下げたのか，繰り下げることでどんな数として見ればよいのか，数の意味を考えることで，筆算の意味や仕組みが分かってきます。位に着目すると，必然的に1の何個分，10の何個分，100の何個分で数を見ます。1繰り下げるときに，何のまとまりを1繰り下げたのか，この10が位によって1の10個分や10の10個分と見ることが大切です。

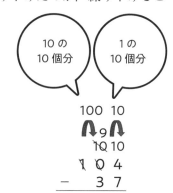

つまずき指導

1 ☞ ひく数を位ごとに分けて，順にひく

　104−37のひく数を30と7のように，位ごとに分けます。分けた30と7を順にひいていきます。そうすることで，そもそも繰り下がりが1回ずつとなるため，簡単になります。また，位ごとに考えるため，子どもは位に着目し，計算過程で数のまとまりを意識するようになります。

　このような2段階でひく経験を積み重ねると，筆算の仕組みが分かってきます。もしも，2回連続で繰り下げようとして，繰り下げ方に困ったとしても，もう一度この方法に立ち返ることで，どの位からどの位へ繰り下げればよいのか確かめることもできます。

$$
\begin{array}{r}
10 \\
\not{1}\,0\;4 \\
-\quad 3\;0 \\
\hline
\quad\;6\;\;10 \\
\not{\not{7}}\;4 \\
-\quad\quad 7 \\
\hline
\quad 6\;7
\end{array}
$$

2 ☞ 残りのお金が多いのは？

　お金の模型や数カードを用意し，次のルールを基にゲームを行います。

> ・はじめに全員100円玉1枚，10円玉1枚，1円玉1枚のお金を配る（用意する）。銀行用に3種類のお金をたくさん用意する。
> ・友達とじゃんけんをする。勝ち負けによってお金が増えたり減ったりする。勝った場合，裏返した数カード（10，20，30…など何十の中から1枚，1〜9の1桁の中から1枚）を引き，その分のお金（例えば，30と8を引いた場合は38円）を銀行からもらう。負けた場合は，反対に支払う。これを何度か繰り返す。
> ・残りのお金が多い人が勝ちとなる。

　このゲームでは，途中でお金をまとめたり（繰り上がり），支払ったり（繰り下がり）する場合に両替をする必要が出てきます。この，支払いのときに，100円を10円10個分，10円を1円10個分に替えたりします。遊びの中で，繰り下げて表記する10の意味を経験を伴って学ぶことができます。

73

㉓ 2年 ―分数― もとの大きさが分からない

なぜつまずくのか

12個の$\frac{1}{3}$を問われると，分母が3であることから，3個分を$\frac{1}{3}$と答えてしまう子どもがいます。もとの大きさが，テープや四角形などの形だと正答率は高いのですが，「12個」といった数になった途端，間違える子どもが急激に増えるのです。

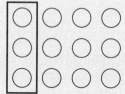

分数を知る段階では，折り紙を折る活動によって，折った後の大きさを「$\frac{1}{○}$」と理解させていきます。しかし，それだけだと，折る前の大きさが見えなくなってしまい，もとの大きさに対する意識が薄れてしまいます。ましてや，「もとの大きさ」が形から数になると，それをもとの大きさとして捉えられずにつまずいてしまいます。

内容のポイント

分数の指導では，子どもが「もとの大きさ」を意識できるようにすることが大切です。特に，分数に初めて出合う2年生では，折ったり，分けたりする操作を通して，分数の意味を獲得していくため，操作前の「もとの大きさ」を確認したりつくったりする経験も大切です。

また，子どもにとって，もとの大きさが，形か数かによって「もとの大きさ」の見え方が変わってきます。形は連続量なので1つのまとまりとして見えますが，数は分離量として考えるため，全体の数を1つのまとまりとして見ることが難しくなることも知っておくとよいでしょう。

つまずき指導

1. もとの大きさをつくる

　もとの大きさを折ったり，分けたりするだけでなく，反対に折ったり，分けたりした大きさからもとの大きさを考えます。例えば，分けた後のドーナツを提示し，もとの大きさを考えさせます。ドーナツは図のようなドーナツ屋でよく目にする形（分離量とも連続量とも見える形）にします。もとの大きさをつくる過程で，「4個の2倍だから8個」「4個の3倍だから12個」と，分数と倍の関係を基に「もとの大きさ」を意識するようになります。

$\frac{1}{2}$の大きさ　　　もとの大きさ　　$\frac{1}{3}$の大きさ　　　もとの大きさ

2. 形と数を対応させて考える

　例えば，12個の$\frac{1}{3}$の大きさを考える際に，もとの大きさを○の数で考えますが，そのもとの大きさを形として見るようにします。形は，○の並びに沿って囲むなどして数に対応させます。全体の数を1つのまとまりとして捉えられるようにするのです。もとの大きさが数でつまずいている子どもも，12個の数を形として見ることで，もとの大きさを意識するようになります。

㉔

| かけ算 |

2年

かけ算をスラスラ言えない

なぜつまずくのか

「にかけるさんは？」「え～っと……」

「さんいちがさん，さんにがろく，さざんが……？」

　こうした子に出会うのは少なくはありません。かけ算をスラスラ言うことにつまずくのはどうしてでしょう？単に覚えていないからでしょうか？入学前に「ぼくね，もう九九が言えるよ」と得意げに言いに来る子もいます。でも，きっとその子は音でかけ算を捉えようとしているだけなのかもしれません。音声，音だけに頼るから覚えていないといけない，できないと感じてしまうのだと思うのです。

内容のポイント

　かけ算をスラスラ言えることができれば，以後の計算の学習の際（直近では3年生のわり算）に，答えをより確実に導くことができるでしょう。しかし，それを音声だけではなく，式や図ともつなげながら，そして「同じ数のまとまり」を意識できるようになることが大切です。もちろん，繰り返しの練習は必要ですが，音声だけに頼りすぎず，かけ算に慣れていってほしいところです。

　スラスラ言える状態を早期に求めすぎず，長い目でその子のかけ算が育っていくのを見守る教師の姿勢が大切でしょう。

つまずき指導

1 唱えながら式を書く

かけ算九九の単元では，それぞれの段を学習した終末部には，かける数が1から9までの式を並べ「かける数が1増えると答えはかけられる数だけ増えている」ことを確かめたり，その読みを九九で確認したりする場面があります。ここで子どもたちに九九を唱えさせたりすることは有効ではあります。一方，それだけでは音声だけとなってしまうので九九を唱えながら式を書いてみる，音声と式をつなげる指導が考えられます。もちろん2×3＝6は「二三が六」ではなく，厳密には「にかけるさんはろく」と読む・唱えるべきですが，素早く答えを出すことができるのが九九のよさ。九九を唱えながら式を書くことで，視覚・聴覚を刺激しながら，式と積を覚えていくことができるのではないでしょうか。

九九カードでパラパラめくる指導と並行して，式と答えを唱えながら書く指導も行ってみましょう。

2 式・答え・アレイ図のカードで神経衰弱

かけ算の式，答え，アレイ図の3種類のカードを子どもたちと一緒につくっていきます。そのうちの2種類を使って神経衰弱を友達とします。式を先にめくることとすると，式を見て答えを友達と確認し，答えのカードをめくります。また答えのカードをめくってから，式を想像すると「12だから，2×6かな？」「3×4もあるよ」など，多様な式にも想像が巡らせられます。また，アレイ図を取り扱うと，数のまとまりにも着目できるようになります。

1つの段でも，複数の段でも，3種類のカードを同時に扱ってもできます。子どもたちと一緒に扱う段や種類の範囲を決めていくこともできます。

25 2年 ─長さ

ものさしを使いこなせない

なぜつまずくのか

　ものさしを使うということに対するつまずきは，大きく分けて2つあります。
　①目盛りが読めない　②正しく直線が引けない
　②の直線が引けない理由としては，ものさしの中央をしっかりと押さえていないことでずれてしまうという技能的な面もありますが，目盛りがきちんと読めないがために，必要な長さの直線が引けないという場合もあります。結果的に，①②どちらの場合も，まずはものさしの目盛りを理解し，正しく読めるようにならないことには，これらの問題は解決できません。
　ものさしの左端は0ですが，1だと思ってしまっている子どももいます。目盛りの理解は，とても難しいことだと言えるのです。

内容のポイント

　ものさしには，どんな線やマークがあるのかをよく観察しなければいけません。線は，1mm刻み

で引かれていますが，5mmごとにその線は長いものが出てきています。さらには1cmごとになると，もっと長い線になっています。そして5cmごとには黒い点があり，10cmごとには赤い点があるのです。この大人にとってはお馴染みの特徴を，初めて使う2年生にしっかりと観察させ気付かせていきたいものです。

つまずき指導

1👉 わざと 1mm ずつ数えてみる

　実際にいろいろな長さを測らせる取り組みがあると思いますが，一つ教師と一緒に測るという活動を入れてみます。黒板上で子どもたち全員が見えるようにしながら，「まずは先生が測ってみるね」などと言いながら，ものさしをあてがうのです。まず，0（端）を揃えずに測り始めようとします。子どもたちからは，測る物の始点とものさしの端を合わせなければいけないといった指摘が出るはずです。この指摘がものさしの使い方の本質になっていきます。今度は実際に目盛りを読むわけですが，左端からすべての線を数えます。「1mm，2mm，…」

　そうすると，子どもたちから，「全部測らなくても，5cm の目盛りがすぐ分かるから，そこから読むといい」などとまた指摘が入るはずです。

　「どうして 5cm がすぐ分かるの？」と問い返せば，黒い点があることを知らせてくれます。このようにしながら，ものさしの特徴を一つずつ押さえ，なおかつものさしの目盛りは，大きい目盛りから小さい目盛りという順に見ていくということを理解させていきます。

2👉 始点を変えて読む

　右の絵を見せて長さを問うのも大切です。3cm にあたるところを 0（始点）として読めばよいことを理解させていきます。また終点が 9cm の位置にある場合は，9－3 という計算で長さを求めることもできます。ものさしの目盛りを読むことが苦手な人にとっては，数値がものさしに直接表記されていれば助かるという場合もありますが，表記がないことで，このようにどこを始点にしても測ることができるというよさもあるのです。

㉖

2年 かさ

かさの単位のイメージが
つかめない

なぜつまずくのか

　2年生のかさの学習で教科書上に登場する単位はL，dL，mLです。この単位そのものの理解や量の大きさの相互関係が子どもにとってはとても難しいものです。

　かさの学習の前までに長さを学習していますが，cmとmmという2つの単位だけであり，またこの2つが10倍の関係であると理解しています。そうすると，センチではないデシという表し方が登場したり，同じミリという表し方があっても，dLとmLの間は100倍の関係になっていたりするので，混乱しやすくなるのです。

　さらには，dLは日常でもなかなか見ることがない単位です。それ以外の単位は，日常の中で見ることがあるので，その単位が表す大きさのイメージが湧きやすいですが，dLについてはなかなかイメージがつかめないという難点もあるのです。

内容のポイント

　かさは比較するということから学習を始めます。比較でどちらが多いかは分かりますが，それがどういった量であるかの表現方法がありません。そこで，数値化をするのです。この学習の流れは長さや重さなどの量の学習も同様です。cmで測ったらはしたが出たので，mmという単位をつくったように，かさの学習もはしたを測る必要性をもたせ，新たな単位を知らせていきます。このとき，数の仕組みと似ていて10倍の関係で単位をつくっていくということに気付かせていくことも大切です。

80

つまずき指導

1☞ センチリットル（cL）もある

　LからdLへ学習が進む際は，長さの学習を振り返り，10個に分けた新しい単位をつくればいい，と理解をさせることができそうです。しかし，dLではしたが出たときに，次に知らせる単位はmL。これまでの"10ずつ"という考えにズレが出てしまいます。そこで1dLを10個に分けた1cLの存在を知らせるという方法があります。cLは，ヨーロッパなどでは一般的にも用いられているので，輸入ワインで75cLといった表記を見つけることもできます。cLを10個に分けたらmL。これは，長さにおけるセンチとミリの関係とも同じですし，cLがあることで，すべての単位が10倍ずつという説明もつきます。

　ただ，cLは身近に見られる単位ではないので，慣れない単位をまた覚えることになったと感じてしまう子どももいるかもしれません。実態を見ながら知らせてみるとよいでしょう。

2☞ 身近なかさをdLに言い換えよう

　例えば，給食の牛乳は200mlと表記されています。これは何dLなんだろうと聞いてみましょう。実際にあるもので問うのがポイントです。

そして，「牛乳は2dLで，デシリットルます2杯分ということなのか」とdLとしての量をイメージできるように声をかけましょう。身近にないdLという量にも少しずつ慣らされていくはずです。算数の時間でないときにも量に触れる機会を増やしていくというわけです。

㉗

2年 ─時刻と時間─

時刻を求められない

なぜつまずくのか

　時刻を求める問題場面は大きく2つあります。
　①ある時刻から〇分（時間）後　②ある時刻から〇分（時間）前
例えば2時20分の30分後といえば，たし算で考えて2時50分とすればいいわけですが，これが難しいという子がいます。これは計算自体が難しいのではなく，言葉の捉えに大きな原因がある場合が多いのです。まずは"時刻"と"時間"の違い。日常ではこの辺はあまり区別されずに使われているため，混同して捉えてしまうということです。そして，時刻においての"前"と"後"の使い方。一般的に「前に進む」「後ろに戻る」というように使われますが，時計における前は，戻るときに使われます。ここでも言葉に混同が起きてしまいます。大人にとって当たり前の言葉も，子どもにとっては不思議な世界に映っている可能性もあるのです。

内容のポイント

　〇分後を求める学習は，2年生と3年生で扱われます。2年生は上記のようなつまずきが主ですが，3年生では別の難しさがあります。例えば，2時20分から50分後の時刻を求める問題。2年生のときのように，たしただけで答えが出るわけではありません。3時ちょうどをまたぎ，答えは3時10分。この繰り上がりのような考えをしていくことに難しさがあります。このような"ちょうど"をまたぐ学習も出てくるので，2年生のうちに言葉の捉えはきちんとしておきたいところです。

つまずき指導

1 ☞ 〇時△分に手を挙げよう

　「9時40分に手を挙げましょう」と伝えると，子どもたちは時計を眺めながらその時刻が来るのを待ちます。9時40分になったときに一斉に手が挙がるのですが，子どもたちはしばらく手を挙げ続けます。9時41分には全員手を下ろすわけですが，そこで「どうしてずっと挙げてたの？」と聞いてみます。すると40分から41分までの1分間が9時40分だから1分間挙げるという考えが発表されます。ここで教師から「9時40分は，なった瞬間だけのことなんだよ」と知らせます。

　では，40分と41分の間はどう表現するのかが話題になる場合もありますが，これは3年で学ぶ"秒"ということになってきます。少し触れてもよいでしょう。時刻はその瞬間のことであり，みんなが手を挙げていた1分を時間というわけです。瞬間と幅のあるものを区別して理解させていく活動となっています。

2 ☞ 時計を進める（戻す）じゃんけんゲーム

　時計模型をそれぞれ持たせて，ペアでじゃんけんゲームをします。
・グー勝ち…30分進む　・チョキ勝ち…15分進む　・パー勝ち10分進む
　「9時からスタートして12時になったら終了です」と説明をしてスタートします。じゃんけんをしながら，基本的に長針を回していくのですが，60分以上勝つと，短針も進める必要があります。

　ゲームが高度な場合は，チョキ勝ちを20分にすることで，すべて10分刻みで進めるところからやってもよいでしょう。15分を入れることで5分単位になることと，15分が時計の$\frac{1}{4}$（90度分）動くということに感覚的に気付いていくねらいが実はあります。「進む」だけでなく「戻る」場合も入れるとよりよい練習となります。

83

㉘

| 暗算 |

3年

2桁＋2桁の暗算が
できない

なぜ つまずく のか

　暗算をするには，頭の中で処理できる数に工夫して計算する必要
があります。例えば，56＋38の場合，38を40とみて56＋40＝
96と計算し，余分にたした2を答えからひいて96－2＝94となり
ます。しかし，暗算につまずく子は，筆算に固執する傾向がありま
す。56＋38をそのまま暗算で計算する場合，繰り上がりがあるた
め，やや難しくなります。その結果，暗算をするよさを感じられず，
手書きで筆算をすることが多くなります。これは，暗算をするとき
は，なるべく簡単に計算できるように工夫するという感覚がもてて
いないことが原因の一つだと考えられます。

内容の ポイント //////////////////////////////////////

　筆算は手順に従って処理すれば，確実に答えが出せる計算機です。し
かし，筆算は機械的に計算ができるよさがある一方で，子どもが工夫し
て計算する気持ちを遠ざけてしまうことがあります。

　例えば，62－48を筆算で計算した場合，繰り下がりがあるため，計
算がやや複雑になります。しかし，48を50とみて62－50＝12とし，
余分にひいた2を答えにたすと考えれば，12＋2＝14と計算できます。

　また，48を42とみて62－42＝20とし，答えからひいていない6を
ひくと考えれば，20－6＝14と計算できます。さらに，62を50と12
に，48を40と8に分ければ，(50－40)＋(12－8)＝10＋4＝14と計算で
きます。

84

つまずき指導

フラッシュカードを使う

「今から式を見せるから，答えが分かったら教えてね」と投げかけ，フラッシュカードに書かれた式を順番に見せていきます。

まず，12＋23のように繰り上がりのないたし算の式を見せ，子どもが簡単に暗算できるようにします。子どもが繰り上がりのないたし算の暗算に慣れてきたら，次は56＋38のように繰り上がりのある式を見せます。このとき，「えっ！」「難しい！」などの声が上がり，暗算に時間がかかる子や暗算で答えが出せない子が出てくると予想されます。

12＋23
24＋31
44＋55
56＋38

このように，子どもの困り感が表出したところで，「どうして，56＋38は暗算が難しいのかな？」と教師が発問をします。子どもからは，「今までは繰り上がりがないたし算だったのに，56＋38は繰り上がりがあるから暗算だと計算が難しい」「繰り上がりがあると（手書きで）筆算をしないと答えが出せない」などの反応が出るでしょう。

そこで，「56＋38を暗算するために，繰り上がりのない計算にできないかな？」と本時の課題を設定します。ここまでの流れを受け，子どもは「繰り上がりをなくすためには，どうすればいいか？」と考え始めます。授業では，以下のような子どもの説明が見られるとよいでしょう。

- 頭の中で56に38をたすのは難しいから，とりあえず40をたして96。でも，本当は38だから余分にたした2を96からひけばいい。答えは94。
- 56は50と6に，38は30と8に分けて，それぞれ位ごとに計算する。50と30で80，6と8で14，だから80と14で，答えは94になる。

教師は，子どもの説明に対して，繰り上がりをなくすために，「だいたい何十とみる」「数を分ける」などの工夫をしたことを価値づけます。

3年

85

㉙

かけ算

3年

かけ算を創造することができない

なぜつまずくのか

　12×4のかけ算は，九九の範囲を超えていますが，同数累加の考えに基づいて，12＋12＋12＋12＝48と考えることができます。他にも，12を10と2に分けて，既習のかけ算に帰着させることで計算ができます。

　しかし，子どもの中には，12×4は九九の範囲を超えているため，計算ができずにつまずく子が出ることが予想されます。これは，2年生の「かけ算」の学習において，7の段を2の段と5の段でつくるという九九の構成をする経験の乏しさに原因があると考えられます。

内容のポイント

　本単元では，かけ算九九の適用範囲を広げることを通して，かけ算の性質の理解を深めていきます。

　例えば，12×4の場合，九九の適用範囲を超えているため，このままでは計算ができません。そこで，分配法則に基づいて12を10と2に分け，(10×4)＋(2×4)のように，何十のかけ算や九九が適用できるように工夫して計算します。他にも，12を9と3，8と4，7と5，6と6に分けることも可能です。このように，かけ算の性質を使って既習の計算方法に帰着して考えることが大切です。

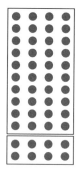

つまずき指導

1 ☞ 「既習」と「未習」の違いを問う

　12×4を計算するには，分配法則を使って既習の計算方法に帰着させる必要があります。そのためには，「12×4は今までのかけ算と何が違うかな？」と発問し，既習と未習の違いを明確にすることが大切です。

　「かけられる数が2桁になった」「九九で答えが出せなくなった」などの意見が出たら，「かけられる数が2桁のときも，今までの学習を使って計算できないかな？」と発問します。その後，ドット図を配布し，何十のかけ算やかけ算九九を使えるように，かけられる数を分けて計算することを促します。その際，子どもが12をどのように分けたのかを話し合います。12を10と2, 9と3, 8と4, 7と5, 6と6に分けた理由について，ドット図を用いて視覚的に説明し合うとよいでしょう。

2 ☞ 画用紙で隠したドットの数を問う

　12×4のドット図を画用紙で隠し，「ドットの数は全部でいくつかな？」と発問します。子どもは画用紙を上下や左右に移動させてほしいと要求してくるでしょう。そこで，まず左から右に画用紙を移動させ，縦1列に12個のドットがあること確認します。次に，画用紙を下から上に移動させ，横1列に4個のドットがあることを確認します。

　この段階ではドットがどのように並んでいるかが分かりませんが，「もしも長方形みたいにドットが並んでいるとしたら，12×4で計算ができる」と考える子が出てきます。図を使った問題提示により，12を4回たす，4を12回たす考えが出やすくなるため，かけ算を創造することにつまずく子への手立てになります。

㉚

┌─ あまりのあるわり算 ─┐

3年

あまりの扱い（切り上げ）ができない

なぜつまずくのか

「35 個のお団子を箱に入れて，お土産に持って帰ってもらいます。1 箱に 4 個ずつ入れます。何箱いりますか？」

「35÷4 で 8 箱あまり 3 個。何箱いるかだから 8 箱だ！」

問われているのが「箱」だから 8 箱。問われている言葉「箱」だけに意識が行くとこのように答えてしまいます。問われていること（何箱いるか）と条件（持って帰ってもらうとは，全部のお団子を箱に入れること）から答えを判断することにつまずきがあると考えます。

実はここまでの学習で，計算結果を問われていることと条件を基に判断するといった場面の経験はあまりないということもつまずきの一つかもしれません。日常場面では多いとは思いますが。

内容のポイント

わり算の計算はできる，あまりも出せる……。しかしここでは，計算によって出した答えと問われていることや条件と照らし合わせて，適切な答えを出すことが大切です。問われていることや条件に対して計算の結果を適切に扱うことは，5 年生の単位量あたりの大きさでも出てきます。例えば，混み具合とは「同一面積における人数が多い方が混んでいる」「一人当たりの占めている面積が小さい方が混んでいる」などです。

日常の問題を扱う算数科ならではの場面ですが，こうした判断を話し合いながら検討することには意味があります。

88

つまずき指導

1. 2つの問題を扱い，あまりを入れるか考える

> ア　おだんご35個を1箱に4個ずつ入れて，お土産に持って帰ってもらいます。
> 何箱いりますか？

> イ　おだんご35個をくし1本に4個刺して売ります。
> 何本できますか？

お団子35個が共通した問題を2つ示します。どちらから問いてもよいとして，しばらくすると「あれ？」「どうしよう？」という声や反応が出てくるでしょう。2つのお話は，どちらも35÷4＝8あまり3の答えであることを確かめた上で，アには8箱と9箱の答えがあることを引き出し，それぞれの答えの意味を解釈しましょう。中には図で表す考えも出てくるでしょう。「全部持って帰るんだから〜」とあまりの3個も箱に入れる図をかいたら，それが9箱目であることを確かめます。

次にイの問題で「これも同じように9本でいいね」と揺さぶります。すると「これは，何本できるかと聞いているから，1本に4個刺さったお団子の数が答えになるよ」という考えを引き出しましょう。最後にアとイの問題を再度比較し，あまりの数をどうするかは「問われていることや条件で違うこと」を子どもたちと一緒に確かめるとよいでしょう。

2. お話づくりをする

あまりの扱いの問題は，いろいろな場面に出合うことも大切です。「あまりを入れて答える問題，あまりは入れずに答える問題をつくりましょう」と言って作問を促し，互いに見合うことで場面や条件をイメージしながら，あまりの扱いについてより多くの場面に出合うことができるようにしましょう。

㉛

3年 ┤ あまりのあるわり算 ├

あまりの扱い（対応）が できない

なぜつまずくのか

「こぶた→たぬき→きつね→ねこ→こぶた→たぬき→…と繰り返ししりとりをしていきます。35番目はだれでしょう？」

「え。どうしよう。頑張ってノートに書いて数えるか！」

「わり算で考える人がいるの？ どうやって？」

こうした声が聞こえてきそうですね。この問題は $35 \div 4 = 8$ あまり3の式で，きつねが答えとなりますが，この考えをわり算で考えるには以下のことが必要となります。

・数のまとまりを見いだすこと（この場合4匹が1セット，1サイクル）

・あまりが表す数が，事象の何と対応しているのかを見いだすこと

そもそも順序数を用いたわり算の問題場面に出合っていないこともつまずきの要因かもしれません。

内容のポイント

あまりの切り上げ，切り捨ての問題に加えて，あまりが事象と対応する問題，あまりを事象と対応させなくてもよい問題に出合うことで，わり算に表した計算結果と問われていることや条件に照らし合わせて判断する力を養うことができます。あまりのあるわり算の様々な場面に出合いながら，単に計算ができることだけでなく，計算結果を活用することを大切にした指導が必要です。

90

つまずき指導

1 あまりの数と対応している事象を問う

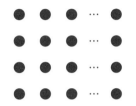

左頁の問題を一生懸命ノートに書いて答えを考える子もいます。ノートに図をかいている子もいます。そのときの図がどのように並んでいるか注目してみましょう。4つずつの図になっていれば、その子はまとまりを見て考えようとしていると分かります。

「数えなくても分かるよ」という子の中からは「$4×8+3$」とかけ算とたし算を用いた考えと、「$35÷4=8$ あまり 3」とわり算を用いた考えを引き出しましょう。その際には、わる数の4やあまりの3は何を表しているのかを問い、「4つの動物をひとまとまりとしていること」「あまりの3は、きつねと対応している。こぶたから数えて3番目に対応していること」の見方を引き出し、共有しましょう。その際、図を用いた考えと関連付けるとより、あまりが対応する動物が捉えやすくなります。

2 あまりの数と対応しない事象の問題を扱う

「段ボール1枚、串2本、ペットボトルキャップ4個を使って車をつくります。串17本、ペットボトルキャップ30個では何台つくれますか？」

この問題を車の図で確かめた後、式と答えを表すよう促します。

串：$17÷2=8$ あまり 1
キャップ：$30÷4=7$ あまり 2

2つの答えがあり、何台できるかを話題にします。ここではあまりの数は何にも対応しません。商からできる車の台数を考え、「串で8台分あってもキャップで7台分しかつくれないのだから、答えは7台になる」ことを引き出しましょう。

㉜

3年 ─ あまりのあるわり算 ─

あまりを適切に
求められない

なぜつまずくのか

「49÷7＝6あまり7」

「25÷4＝5あまり5」

　こういった答えに出合うことがあります。この子たちの中では，恐らくですが十の位の数に着目して，その数が出てくる（40や20）が出てくる7の段や4の段を考えて，商にしているのかもしれません。

　あまりのあるわり算のつまずきの種類として上のような，式のみでは，「まだわれる状態」を判断できていない（わる数とあまりとの大小関係の視点が捉えられていない）ことに加えて，乗法九九の技能の定着が十分でない，2位数同士のひき算の定着が十分でないといった下学年での技能の定着の不十分さもつまずきの要因として考えられます。

内容のポイント

　あまりのあるわり算では，それまでの乗法九九を1回適用したわり切れるわり算とは異なります。乗法九九で一致するものがないため，それに最も近く，しかも小さい数を考えることが大切です。あまりの計算もするため，乗法九九とひき算の技能も習熟が大切となります。

　また，わり算の意味からして，まだわれる状態を式や図と関連付けて子どもたちが捉え，わる数とあまりの大小関係を視点にその状態を見いだす，判断できるようにすることが大切です。

92

つまずき指導

1️⃣ 「まだわれる」ことを図や操作で捉えつつ，わる数とあまりに着目できるようにする

包含除でも等分除でも，まだわれる状態を図や操作で捉えることが大切です。黒板上にマグネットをたくさん散らばらせて，わる数のまとまりごとに線で結んだり，集めたりする中で時々「もういいかい？」と問いながら，「まだ取れるよ」というやり取りもしてみましょう。

また，例えば，25÷3＝7あまり4という誤答を示し，「どうしてこの答えが違うのかな？」と問い続けることで，図に表し，「この4の中にまだ3のまとまりが1つできるよ」と図を用いて説明させることで，式におけるあまりの数と，わる数の大小関係に目を向けさせることも大切です。

2️⃣ あまりの数に応じたくじ引き大会

1～50のカードを引かせ，そのカードをわられる数としたときの，あまりの数に応じて，シールをあげるくじ引き大会を開きます。

「わる数が6だったら，いくつの賞ができるかな？」と問い，あまりなしのぴたり賞からあまり5賞まであることを考えさせます。「え？ あまり賞とかはないの？」と尋ねながら，あまりがわる数より大きくならないことを右のように並べながら確かめる姿を引き出します。

12÷6＝2 あまり0
13÷6＝2 あまり1
14÷6＝2 あまり2
15÷6＝2 あまり3
16÷6＝2 あまり4
17÷6＝2 あまり5
18÷6＝3 あまり0

㉝

3年

┌─ あまりのあるわり算 ─┐

わり算で計算ミスを
してしまう

なぜつまずくのか

わり算の計算では以下の計算ミスが考えられます。

① かけ算九九の習熟が十分でなく誤った商となるつまずき

例：49÷7＝6

② あまりを適切に求めることへのつまずき

例：37÷5＝6 あまり 7

③ 商を大きく立て，「あまり」が「足りない数」と捉えるつまずき

例：31÷4＝8 あまり 1

④ 0 をわると，わる数があまりと捉えるつまずき

例：0÷5＝0 あまり 5

①はかけ算九九の習熟が十分でないこと，②～④はあまりのある
わり算のあまりの捉え方とあまりと除数との関係の理解が十分でな
いことが原因として挙げられます。

内容のポイント

計算問題だけをすると計算ミスに気付きにくく，誤答のまま進んでし
まうことがあります。逆に計算問題だからこそ，そうした計算ミスを取
り上げ，修正することもできます。どうしてそれが誤答であるのかを理
解するには，場面や図とわり算の意味とをつなげたり，確かめ算に表し
たりして考えるように促すことが大切です。

94

つまずき指導

1 ☞ 計算ミスチェックリストを子どもと一緒につくる

　計算問題を解いているときに「答えや答え方はこれでいいかな？ こういう考え方でいいかな？」と自分の中に「内なる声」があると，計算問題により丁寧に取り組むことができます。誤答に出合ったら，「どうしてそれが間違っていて，どうすれば正答になって，どういうことに気を付ければよいか」をみんなで考えていきましょう。そして子どもたちと一緒に誤答を分析して，計算ミスチェックリストをつくってみましょう。

　単元を進みながらつくっていくとよいでしょう。過去の自分から未来の自分へのメッセージカードになります。

① かけ算九九の習熟が十分でなく誤った商となるつまずき

　「どの段の九九で考えたの？ その九九の答えで合っているかな？」

② あまりを適切に求めることへのつまずき

　「まだあまりの中から，われないかな？」

③ 商を大きく立て，「あまり」が「足りない数」と捉えるつまずき

　「足りない数じゃなくて，あまっている数にするんだよ」

④ 0をわると，わる数があまりと捉えるつまずき

　「0個のものを配っても0個だし，あまらないよ」

　「確かめ算（わる数×答え＋あまり＝わられる数）で確かめておこう」

2 ☞ ペアで計算練習リレー

　ペアで1枚のプリントを解いていきます。ペアの友達の答えも確かめてあげながら解き進めるよう促すと，ヒントを出したり，質問をしたりしてお互いに学び合うことができます。

3年

95

34

あまりのあるわり算

3年

確かめ算ができない

なぜつまずくのか

「27÷4＝6あまり3です」

「確かめてみましょう」

「え？確かめるって，どうすること？ 27，4，6，3をどうすれば
いいんだろう？」

答えの確かめ方でつまずく子には，以下のような原因が考えられ
ます。

・確かめ算で何を目指して計算すればいいのか分からない。

・わり算のイメージ（わられる数，わる数，商，あまり）が十分で
ない。

・確かめるよさが分からない。

内容のポイント

確かめ算，検算を学ぶことで，自身の計算結果を振り返る意味を感じ
るとともに，逆算の関係を捉えることもできます。わり算はもともとは
かけ算の逆算です。あまりがあることで扱う数が増えますが，わり算は
かけ算の逆算であることを基にして，あまりの数を確かめ算ではどのよ
うに扱うかを考えることが大切です。

また，ここでの確かめ算の経験は4年生以降の小数のわり算のあまり
が適切か（整数か小数か）を考える上でも用いていくので，確かなもの
にしておきたいですね。

つまずき指導

1 わられる数を考える

確かめ算で目指す数はわられる数です。そこへ意識を向ける展開後に，わり算の式との関係を捉えることができるようにしていきます。

「何算か分かったら教えてね」と告げて，「ビー玉を一人に4個ずつ配ると」までを書きます。すると「わり算だ」と反応を示す子たちがいます。「本当に？」と言いながら，「6人に渡せて，3個あまりました」と続きを書きます。

「やっぱりかけ算だ！」「たし算もある！」という声も出ます。「かけ算やたし算だって言う人は，何を求めようとしているのかな？」と問い，$4 \times 6 + 3 = 27$ で，はじめにあったビー玉の数を求めようとしたことを確認します。

その後「本当に27でよいか確かめてみよう」と $27 \div 4$ の答えを確かめます。図や操作で説明するかもしれません。「なるほど，確かに $27 \div 4 = 6$ あまり3だし，$4 \times 6 + 3$ で27になっているね」

その後，別の問題を示し，「本当にその答えで合っているかな？」と問うと，先ほどの見方を働かせて式で説明する姿が出てくるでしょう。そこを価値づけ，合っているかどうか式で確かめる姿勢が大切だと伝え，「わる数×答え＋あまり＝わられる数」で整理します。

2 わられる数，わる数，商，あまりを求めてみる

・$7 \div \Box = 3$ あまり1　　・$\Box \div 2 = 3$ あまり1

・$7 \div 2 = \Box$ あまり1　　・$7 \div 2 = 3$ あまり$\Box$

わられる数だけではなく，$\Box$を求める式を考えながらあまりの1がどのように働いているのか考えるよう促すことも大切です。

㉟

┌─ かけ算の筆算（1）

3年

筆算の位を揃えられない

なぜつまずくのか

　本単元は，2・3位数×1位数のかけ算の筆算を学習します。かけ算の筆算は，大きな数の場合でも，九九を使って計算できるため便利です。しかし，九九で計算するからこそ，位を意識できないことがあります。

　例えば，23×3の場合，まず3×3をして9，次に2×3をして6と計算し，最後にたし合わせます。このとき，2×3の答え6を一の位に書く，というつまずきが見られます。これは，2×3の意味を考えずに，形式的に九九で計算したことが原因だと考えられます。そのため，子どもは位の意識がもてず，正しい位に計算結果を書けていません。

$$
\begin{array}{r}
2\ 3 \\
\times\quad 3 \\
\hline
9 \\
6 \\
\hline
1\ 5
\end{array}
$$

内容のポイント

　九九の計算結果を正しい位に揃えて書くには，一つ一つのかけ算が何を表しているかを考えることが大切です。23×3の場合，2×3の2は十の位にあることから，10が2つあるという意味です。そのため，2×3の正体は20×3です。本当は20×3ですが，10を基にして2×3と九九で計算すれば，位を間違えて書くというつまずきが少なくなります。

　また，整数だけでなく，小数・分数も単位の考えに基づき，単位のいくつ分で数が構成されています。そのため，0.2×3は0.1，$\frac{2}{7}×3$は$\frac{1}{7}$を基にすれば，どちらも2×3として計算することができます。

$$
\begin{array}{l}
20×3 \\
0.2×3 \\
\frac{2}{7}×3
\end{array}
$$

つまずき指導

① 誤答を修正する場をつくる

23×3の計算を終えたら，答えから聞くようにします。複数の答えが出た場合，子どもは「正しい答えはいくつなんだろう？」と考え始め，23×3の筆算の仕方に着目するでしょう。

実際の授業では，「15」と「69」の2種類の答えが出ることが予想されます。「23に3をかけているのに，答えが23より小さくなっているのはおかしいと思う」「6の書く場所が違うよ。一の位じゃなくて十の位に書かないといけない」など，誤答を修正しようとする姿が見られます。このとき，「どうして十の位に6を書くの？」と教師が投げかけ，2×3の正体を明らかにしていきます。「2×3の6は10が6個だから」「本当は20×3で60だから，十の位に6を書く」という説明を促していくことが大切です。

② 0を省略することについて話し合う

子どもの筆算は，右の3種類が想定されます。まず，a）とb）の筆算を比較し，0を省略していいかについて，話し合う時間を設定します。0を省略する派

```
a) 2 3    b) 2 3    c) 2 3
  ×  3      ×  3      ×  3
  ─────     ─────     ─────
      9         9      6 9
  6 0         6
  ─────     ─────
  6 9       6 9
```

の子は「十の位に6と書けば，10が6個あると分かるからいい」と主張します。一方で，0を省略しない派の子は「60と書いた方がどの位にどの数字を書けばいいかが分かりやすい」と主張します。

次に，b）とc）を比較し，1段目と2段目に分けずに6と9をまとめて書く筆算に着目できるようにします。教科書では，b）の筆算が紹介されていることが多いですが，子ども自身が自分にとって分かりやすい形式を選ぶことを尊重するとよいでしょう。

㊱

3年 ── かけ算の筆算 (2) ──
筆算の繰り上がりができない

なぜつまずくのか

　本単元では，2・3位数×2位数のかけ算の筆算を学習します。2・3位数×2位数の筆算では，九九の計算回数が増え，子どもは筆算の繰り上がりにつまずくことが考えられます。

　例えば，58×46の場合，九九の計算結果に繰り上がりの数をたし忘れるつまずきが見られます。他にも，304×53の場合，空位の0があるため，位を右に詰

```
    5 8        3 0 4
  ×  4 6      ×   5 3
    3 0 8      1 0 2
  2 0 2      1 7 0
  2 3 2 8    1 8 0 2
```

めて，九九の計算結果を書く誤答が見られます。子どもにとって，九九の計算結果に繰り上がる数をたすことが難しいと考えられます。

内容のポイント

　本単元では，2・3位数×2位数の計算を扱います。例えば，12×23の計算の仕方を考える場合，乗数が2位数は未習です。そこで，子どもは乗数の23を20と3に分けて，(12×20)+(12×3) と考えて計算します。これは分配法則に基づいた計算方法であり，筆算形式に結び付きます。(12×20)+(12×3) という式と筆算を関連付けることを通して，筆算の仕組みをより深く理解することができます。

　例えば，36は12×3，240は12×20の計算結果であることを共有します。筆算は数が大きくなっても，九九を使って計算できるよさを実感できるようにしましょう。

```
    1 2
  ×  2 3
    3 6  …12 × 3
  2 4 0  …12 × 20
  2 7 6
```

100

つまずき指導

1 👉 部分積（計算の途中段階の積）をすべて書く

　2桁×2桁の筆算は，一般に部分積を2段に分けて書きます。例えば，58×46の最初の計算（1段目）は，6×8＝48なので，4繰り上がります。次は，6×5＝30となりますが，繰り上がりの4があるため，30＋4で34になります。このように九九の計算結果に繰り上がる数を加えるため，計算がやや複雑になります。

```
      5 8
  ×   4 6
    3 4 8
  2 3 2
  2 6 6 8
```

　そこで，部分積を4段に分けて書く筆算を紹介します。2桁×2桁の筆算は，九九の計算を4回します。このとき，それぞれの九九の計算結果を1段ずつ書いていきます。この筆算形式の場合，九九の計算結果に繰り上がりの数を加える必要がありません。そのため，繰り上がりの計算ミスが減ります。なお，501×34のように，空位の0がある筆算においても，繰り上がりの計算ミスを防ぐ効果があります。

```
      5 8
  ×   4 6
      4 8
    3 0
    3 2
  2 0
  2 6 6 8
```

2 👉 虫食い算・覆面算を活用する

　虫食い算は，計算の一部が空白になっており，その部分に当てはまる数字を考える問題です。覆面算は，文字に数字を対応させて計算を完成させる問題です。虫食い算・覆面算ともに，□や文字に当てはまる数を考えることを通して，楽しみながら繰り上がりのある計算に慣れることができます。

```
      □ □
  ×   □ 3
    □ 6 2
  1 0 □
  1 2 4 □
```

```
      A B
  ×   C D
      E F
    A B
  B G F
```

　なお，虫食い算は空白の数が多いほど，覆面算は文字の数が多いほど，難易度が高くなります。子どもの実態に合わせて，難易度を設定することが大切です。

㊲

3年 1億までの数

数直線上の数が分からない

なぜつまずくのか

　数直線そのものは，実は1年生から出てきてはいるのです。それでも3年生くらいになると，これに対して難しいと感じたり苦手意識をもったりする子どもが増えてきます。理由の一つとして"数直線"という用語があります。1，2年生では数直線という言葉は使わず，あっても"数の直線"というやわらかい言い方をしていました。それが突然専門的な感じになって，難しい気持ちになってしまうのです。そして，つまずく一番の理由が，扱う数が3年生は1億までであるということです。扱う数が大きくなることで，数直線上の1目盛りの大きさがいろいろな場合で表現されるようになります。この数直線は100，あの数直線は1目盛りが1万などと見る度に変わると，混乱が生じてしまう子が出てきてしまうのです。

内容のポイント

　目盛りを読むためには，数直線上のうち，必ず2つの数値が分かっている必要があります。分かっている値と値の間に何目盛りあるかを調べると，1目盛りの大きさが分かるからです。

　1目盛りの大きさをいろいろと変えることで，数直線の長さを調節できるので，都合よく表すことができるメリットがあります。しかし，この1目盛りを自由にできるメリットが，子どもたちにとっての目盛りを読むということへの難しさを生んでいるのは前述の通りです。

つまずき指導

1 いくつかな①

まずは数直線でなく，数が一定のきまりで並んでいる図を見せて，空いている欄の数を考える取り組みを行います。数直線も1目盛りの間が一定の数になっているので，実は同じこととも言えますが，これだけでもぐっとハードルは下がります。そして答え合わせの際に，どうやって解決したかを問うことが重要です。

①の例で言えば，「1000と2000の間だから1500」や「2000と2500が並んでいるから500ずつ増える」といったことです。2つの意見に共通しているのは「1000と2000」「2000と2500」という2つの数から判断をしている点です。2つの数が分かれば，数の並び方は分かるということをしっかりと押さえることが大切です。

2 いくつかな②

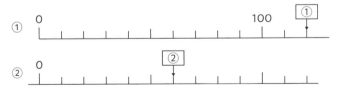

次は，実際の数直線で練習します。①の問題は，答えは120です。しかし，②はどうでしょう。分かっている目盛りが2つないので，答えが導きようがないことに気付きます。もう一度目盛りの数は2つ必要であることを押さえるとともに，「もしも1目盛りが10だったら」などと，目盛りの大きさを変えながら，その度に答えがどうなるのかを調べることで，数直線の読みの練習にもなっていきます。

㊳

3年 分数

分数の違い（量と割合）が分からない

なぜつまずくのか

2m のリボンを出して，「$\frac{1}{4}$m に切りましょう」と言うと，多くの子どもは 50cm（$\frac{1}{2}$m）のところで切ります。

分数はその用いられ方によって複数の意味があります。分割の操作を表す分数，量を表す分数，単位を表す分数，割合を表す分数，商を表す分数などです。上のつまずきは，この複数の意味の混同によって引き起こされます。量を問われているのに，子どもは割合で答えるのです。子どもが日常生活で分数を用いるときは，割合の意味で用いることが多く，量を分数で表す経験がありません。分数を初めて学習する 2 年生でも，折り紙を半分に折って $\frac{1}{2}$ と表現することを学ぶなど，量ではなく割合の意味で用いられることを学習しています。だから，自然と割合の見方をしてしまい，量と割合の混同が起こります。

内容のポイント

3 年生は量を表す分数を学習します。しかし，生活場面では割合を表す意味で用いる経験を重ね，2 年生では分割することで分数を学習してきた子どもにとって，上述の通り意味の混同が起こるのは自然なことです。混同を起こさないように量の分数しか表現できないように指導する方法も考えられますが，つまずきを解消していくためには，子どもがその意味を使い分けられるようになるための指導が必要です。そのとき，子どもが「もとの大きさ＝1」への着目と，「単位分数のいくつ分」への着目ができるように意識して指導することが大切です。

104

つまずき指導

1👉「全体が1」じゃない課題

　3年生で扱われる課題は「全体の"1"（1m，1Lなど）」が前提となっているものばかりで，子どもが無自覚なまま学習が進んでしまいます。ときに，左頁のように1m以外のリボンを出して$\frac{1}{4}$mを問うような活動をすることが有効です。このとき，2mの$\frac{1}{4}$（50cm）と混同してしまう子どもがいます。そのときは，「だったら$\frac{2}{4}$mは？ $\frac{3}{4}$mは？」と量を徐々に変えていきましょう。おそらく「$\frac{4}{4}$m＝1m」になったところで，子どもが「全体は2mのはずなのに，1mになっちゃった。おかしい」と違和感をもつでしょう。そこで，本当の1mが$\frac{4}{4}$mになるように，$\frac{1}{4}$の大きさを修正していくのです。最後に，「修正前の$\frac{1}{4}$と修正後の$\frac{1}{4}$は何が違うか」と問えば，全体の"1"が異なることがより明確になり，割合と量の違いを意識する子どもが増えていくでしょう。

2👉「$\frac{1}{\bigcirc}$探し」

　私たちが量を理解するとき，具体的なものをイメージできるようにしておくことが有効です。25mというとプールの縦の長さ，1gというと1円玉の重さ，500mLというとペットボトル1本分のかさのように。本単元では「単位分数のいくつ分」で量を表すことが学習の中心なので，単位分数で表す量はいくつか，イメージしておくとよいでしょう。

　例えば「$\frac{1}{4}$mのもの探し」などの活動をすると，子どもがいろいろと見つけてきます。「ノートの縦の長さが大体$\frac{1}{4}$m」「バスケットボールの直径が大体$\frac{1}{4}$m」など子どもが見つけてきたら，それを4つ並べてみて1mになることを確認する活動まですると，「単位分数のいくつ分」と「全体の1」の意識を高めることができます。

105

㊴

┌─ □を使った式 ─┐

3年

逆算ができない

なぜ つまずくのか

次の□を求めましょう。□を求める式も書きましょう。

・28+□=60　・□×8=32　・□÷4=5

「□には何が入るかなぁ。30で58だから, 31で59, 32で…お! 60だ! え? □を求める式? どうするんだろう」

上の子は, 28との和が60になるように□に数を入れていきました。しかし, □を求める式となるとたし算とひき算の相互関係, 部分と全体の関係の理解が十分でないために式に表すことができません。また, □は場面では何を表していて, 式としては何を表しているのか（かけられる数, わられる数）を捉える力も必要です。

逆算にはトレーニングも必要だと思いますが, その前に加法と減法の相互関係, 乗法と除法の相互関係を基にして逆算ができることに出合い, 理解してから取り組ませたいものです。

ただ「たし算とひき算は反対の関係だ」「かけ算とわり算も反対の関係だ」と教え, 逆算の練習をさせても24÷□=8の式では, 反射的に24×8と考えてしまうでしょう。

内容の ポイント

3年生では, □を用いて数量を表す式や関係を表す式について考えます。お話の通りの式（場面式）に表した後, □に入る数を入れながら答えを探ってもいけますが, 図や言葉の式によって場面の構造を捉え, □を求める式（求答式）に表す逆算も活用できるようになることは大切です。

106

つまずき指導

1. □を用いたお話の式⇔図⇔答えを求める式

「式が思いついたら教えてね」と伝え，問題文を一文ずつ示していきます。

> あめを8個買いました。

「そのあめって全部同じ値段？　だったらかけ算だね」
「前みたいに□にしてみよう」

ここまでに□を使ってきていますから，□×8と数量を表す式で表せることを確認します。

> 代金は72円になりました。

□×8＝72と関係を表す式にできることを確認したところで，□を求める式を尋ねていきます。

72÷8だと言ってもそう簡単に納得せず，どうして□を求める式が72÷8になるかを問い続け，図に表してみるように促します。

説明とともに，図における部分と全体を確かめながら，かけ算とわり算の関係を捉えられる展開を行いましょう。

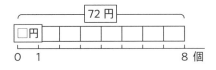

2. 問題文と場面式と求答式のカードで神経衰弱 or かるた

ペアで問題に使う数字は指定（24は使うなど）し，問題文と場面式と求答式のカードの作成をさせます。そのカードを用いていろいろなゲームを行い，場面と場面式，求答式の対応を捉える力を育みましょう。

3年 ー倍の計算ー 基準量を意識できない

なぜつまずくのか

　倍の学習では，「基準量」「倍」「比較量」の3つの数量関係を適切に捉えることが大切です。しかし，子どもにとって，これらの数量関係を適切に捉えることは難しく，問題場面を図に表せなかったり，間違った演算決定をしてしまったりするつまずきが見られます。

　そのため，一般に演算決定するときは数直線等の図を用いて，これらの数量関係を捉え，その上で立式するように指導します。しかし，算数が苦手な子は，数量関係を数直線に表す段階でつまずくと考えられます。したがって，具体物・半具体物の操作を通して，数量関係を適切に捉える指導を行うことが大切です。その際，数量関係を捉える基本となる「基準量」を意識させることで，倍の学習のつまずきが減ると考えられます。

内容のポイント

　本単元では，倍の計算を通して比の三用法を学習します。比の三用法とは，二つの数量AとBについて，AのBに対する割合をPとすると，割合についての計算は，次の3つになります。

> P＝A÷B（第1用法）　A＝B×P（第2用法）　B＝A÷P（第3用法）

　比の三用法のうち，基準量を求める第3用法が特に難しいと言われています。第3用法の指導では，かけ算の式になる第2用法を媒介とした立式をすることが手立てになります。

つまずき指導

1. 「身体尺」を用いて，身の回りのものを測定する

　身体尺を用いて，身の回りのものの長さを「○○のいくつ分」として測定していくことを通して，子ども自身が基準量を意識することができます。日本の身体尺には，次のようなものがあります。

　身体尺は，一人ひとりによって基準量が違うため，測定結果（何倍）が変わります。例えば，机の横の長さを自分の「あた」で測定した場合，Aさんはあたの4倍，Bさんはあたの5倍のように，測定結果が変わります。ここで，教師から「なぜ，あたの何倍かが違うの？」と発問し，「基準量が変われば，倍も変わる」という気付きを引き出しましょう。

2. キュービット（肘から中指の先までの長さ）と身長の関係を考える

　「身長はキュービットの何倍になっているかな？」と投げかけ，まずは担任のキュービット（43cm）と身長（172cm）の関係を考えます。子どもは，「キュービットの4倍が身長になる」という結果を受け，自分のキュービットと身長の関係が気になり始めます。そこで，一人ひとりが自分のキュービットと身長の関係を調べる活動へと探究を進めていきます。また，基準量を交換して身長からキュービットを見ると，「身長の$\frac{1}{4}$がキュービットになる」ということが分かります。どちらを基準量にするかによって，何倍かが変わります。

㊶

3年 ┃重さ┃

重さの保存性やかさとの関係がつかめない

なぜつまずくのか

　重さの学習にも多くのつまずきポイントがあります。例えば，単位の理解やはかりの目盛りの読み方など。しかし，これは長さやかさの学習にも言えることで（本書の長さやかさの頁を参照），丁寧に指導する必要があるのは，重さにも言えることです。

　このほかに，つまずきやすい点が子どもの感覚的な面にあります。それは「大きいもの・硬いものほど重たい」といった誤った感覚です。世の中の多くは，大きいほど重たい場合が多いし，やわらかいより金属のように硬い方が重い場合が確かに多いのですが，これは絶対ではありません。すなわち"見た目"や"感覚"ではなく，実際に測らないと分からないのが重さなのだと言えます。

内容のポイント

　例えば，アルミホイルが紙のように1枚の平面になっているものがあって，それを丸めてボールにしてしまったら，その重さはどうなるでしょうか。もちろん変わらない，つまり重さには保存性があるということになるのですが，子どもは硬くなったから重くなるのではと感じてしまうことがあります。また，逆に軽くなると思う子もいます。これは丸めたことで，手に収まるように小さくなったからという言い分です。このように重さは形や大きさに関連して，間違えて捉えられてしまうことがあるのです。はかりの使い方だけでなく，こういった感覚的な面についても授業でしっかりと扱っていきたいものです。

110

つまずき指導

1☞ 粘土で一番重いものをつくろう

　同じ重さ分の粘土を2つ用意し，一方は細いひものように伸ばします。もう一方は丸めます。それぞれを上から机に落としてみせます。丸い方はドスッと音を立てて落ちますが，ひも型はするすると降りていくだけです。「どちらが重そう？」と問えば，多くは丸い方と答えます。「重い形をつくってね」と投げかけて，子どもたちにも作品をつくらせます。

　作品の重さをはかりで比べます。でも，みんな同じ重さ。「なんでだろう，先生の丸い粘土は重いはずなのにね」などと言えば，子どもたちは，「実はどれも同じなんじゃないの」と考えます。測ってみたら確かに同じ。同じものは形を変えても重さは変わらないということが，子どもたちにも実感を伴って分かることでしょう。

2☞ 袋いっぱいの綿と，ビー玉の重さを比べよう

　要は，大きくても軽いものと小さくても重いものを比べるということです。袋の中が空気だけだと，軽すぎるので，綿などを入れて多少重さを加えるのがポイントです。1の実践は，重さの保存性についてを扱ったわけですが，こちらは，「重さと体積は違う」ということを理解させています。「大きいもの＝重い」というのは，違う素材の場合は成り立つとは言えないのです。

　さらに，「では，どれぐらいの綿があればビー玉1つ分になるのかな？」として実験をすると，かなりの量の綿がいることが分かり，この驚きも子どもの学びに結び付いていくでしょう。

㊷ 3年 ―円と球― 円の定義が理解できない

なぜつまずくのか

正方形や長方形は「辺」「角」「頂点」の3つの構成要素が図形の中に見えます。一方で、円は「中心」「半径」「直径」の3つの構成要素が図形の中に見え

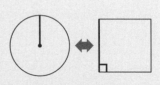

ません。そのため、図形を考察する上で重要な構成要素に着目することが難しいと考えられます。

また、既習の図形である正方形や長方形と違って、円には「辺」「角」「頂点」がありません。さらに、円は直線的な部分をもたないため、曲線で構成される図形を受け入れにくい子もいます。そのため、円の概念を理解することにつまずくことが想定されます。

内容のポイント

円の定義は、「中心から等距離にある点の集合」です。そのため、中心から円周上の点まではすべて等距離になります。しかし、子どもは、円が中心から等距離にある点の集合だと理解することが難しいです。

そこで、様々な大きさの円の中に複数の半径をかいて、円の定義に当てはまるかを確かめることが大切だと考えます。その際、半径の2倍が直径になることにも気付けるようにします。また、円の構成要素である「中心」「半径」「直径」にも慣れるために、中心を見つける活動やコンパスで模様をかく活動も積極的に行っていきましょう。

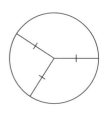

つまずき指導

「なぜ，身の回りには円形のものが多いのか？」を考える

　子どもにとって，円は身近な図形です。例えば，一輪車の車輪，マンホール，土俵などです。身の回りに円形のものが多い理由を考えることを通して，図形の機能面やその性質から円の理解を深めていきます。

　一つ目は，一輪車の車輪です。一輪車の車輪は円形のため，地面との接触面積が大幅に減り，転がりやすくなります。これは，車輪の中心から地面までの距離（半径）が常に一定だからです。そのため，円は回転力が強く，より転がりやすい形です。

　もし，車輪が四角形や三角形だった場合，車輪の中心から地面までの距離が常に変化し，一輪車は安定した走行ができなくなってしまいます。

　二つ目は，マンホールの蓋です。マンホールの蓋の多くは，円形です。もし，マンホールが四角形だった場合，1辺の長さが対角線よりも短いため，蓋が中に落ちてしまう可能性があります。

　しかし，円の場合，直径より長い部分がないため，蓋が中に落ちることはありません。円の性質を生かしてマンホールの蓋を丸くしています。

　三つ目は，土俵です。土俵が円の理由は，中心から土俵際までがどこも等距離のため公平に戦えること，相手から追い詰められても丸い形を利用して回り込むためだと言われています。

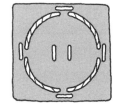

　もし，土俵が三角形や四角形だった場合，公平に力士が戦うことができません。土俵が丸いことは，相撲の面白さ，奥深さにもつながっていると考えられます。

㊸

3年 　円と球

コンパスを使うことが
できない

なぜ つまずく のか

　市販されているコンパスは，両脚が自由に開閉でき，それによって針と芯の間の長さを自由に変えることができます。コンパスで円をかく際，針が「中心」であり，針と芯の間の距離が「半径」となります。

　円や扇形をかくときのつまずき要因の一つとして，「中心」をどこに置き，「半径を何cmに設定するか」を捉えられていないことがあります。この場合は，コンパスの使い方そのものではなく，かきたい図形を捉えられていないことに課題があると言えます。

　次に，技能的なつまずきです。コンパスは操作が難しく，その技能の習熟には時間がかかります。つまみの握り方や円をどこからかき始めるのかなど，教科書に書かれている適切な使い方を確認しながら，その使い方に慣れていくことが必要です。

内容の ポイント

　コンパスは長さを測り取ることができる道具です。その特性を生かして，図形を作図したり，円をかいたりすることができます。

　円は，その円周（曲線）部分に目が行きがちですが，着目したいのは，実線でかかれていない「中心」と「半径」です。「中心」をどこに置き，「半径」をどれだけの長さにするかで，どんな円になるかが決まります。作図の際も，常に「中心」と「半径」に着目して考えることが大切です。

つまずき指導

1 いろいろな道具で円をかいて中心と半径を意識しよう

作図の際，子どもが「中心」と「半径」を意識できるよう，市販のコンパスを使う前に，いろいろな道具で円をかいてみましょう。

例えば，右の写真のように，輪ゴムを使って円をかこうとすると，半径が一定にならないので，うまく円がかけません。一方で，紙やひもを使ってかくと，半径が一定なので，円をかくことができます。

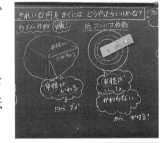

これらの手づくりコンパスのよさは，ひもや紙の部分が「半径」になっていることです。「半径」の存在を意識させることで，市販のコンパスが針と芯の開き具合で「半径」をつくっていることを理解できるようにすることが大切です。

2 とにかくコンパスで遊ぶ！－こんな模様，かけるかな－

初めてコンパスを使う子どもにとって，その操作はとても難しく，1時間練習したくらいでは満足に使うことは難しいでしょう。授業時間や隙間時間，宿題などで，子どもがコンパスでたくさん遊び，その使い方に慣れていく時間をつくることが重要です。

例えば，自由に模様づくりを楽しんだり，友達や先生がかいた模様をタブレットなどで交流し，自分でもかけるか挑戦したりするのもよいでしょう。どこに針（中心）を刺して，半径を何cmにするのかを意識して試行錯誤を繰り返す中で，技能が習熟されていきます。子どもたちが楽しくコンパスを使う場が用意されているとよいですね。

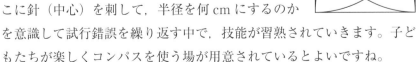

㊹

3年 ┃三角形と角┃

二等辺三角形の作図が
できない

なぜ つまずくのか

　問題「辺の長さが 3cm, 4cm, 4cm の二等辺三角
形をかこう」を例に考えます。子どもは辺アイ（3cm）
を引いた後，頂点ウの位置をどうやって決めればいい
かに悩みます。ある子は，頂点アから（見当をつけた）
頂点ウに向かって，辺アウ（4cm）をかきます。しかし，辺アウは
4cm になるものの，反対側の辺イウが 4cm にならずにつまずくこ
とが予想されます。二等辺三角形の性質は知っていても，等距離
（4cm）の軌跡のかき方が分からないからです。

内容の ポイント

　本単元では，三角形の辺の長さの相等に着目して，2 辺が等しい三角
形を「二等辺三角形」，3 辺が等しい三角形を「正三角形」と定義しま
す。また，二等辺三角形と正三角形の性質は以下の表の通りです。

	二等辺三角形	正三角形
性質①	2 つの辺や角の大きさが等しい	3 つの辺や角の大きさが等しい
性質②	合同な 2 つの直角三角形に分けられる	

　三角形は，3 つの頂点の位置が決まると，図形の形や大きさが決まり
ます。二等辺三角形の作図では，子どもが「3 つの頂点の位置が決まれ
ばかける」という意識をもてるようにしましょう。三角形アイウの場合，
辺アイをかく行為は頂点アとイの位置を決める行為と同義です。また，
頂点ウの位置を決める際も，定義や性質を活用することが大切です。

116

つまずき指導

1☞ ドット図を使って，二等辺三角形をつくる

辺ABがかかれた5×5のドット図を提示し，「点を1つ選んで，二等辺三角形をかきましょう」と伝えます。

子どもは作図を通して頂点Cは底辺（辺AB）の中点の真上にくる，ということに気付くことが予想されます。このように，底辺が決まっている場合に残りの頂点の位置を考える活動は二等辺三角形の作図の素地的な指導になります。作図の前段階として，ドット図を活用して，二等辺三角形のかき方を考えていきましょう。

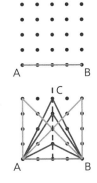

2☞ 困っていることについてアドバイスする

子どもが試行錯誤した作図のノートを共有し，学級全体で困り感を共有します。困っている友達に対して，「辺アイの半分のところ（1.5cm）に直線を引くといいよ」というアドバイスを伝える子がいるでしょう。そのとき，「辺アイの半分のところ（1.5cm）に直線を引くと，どうして頂点ウの位置が分かるの？」と発問し，二等辺三角形の定義に基づいて考えていることを顕在化させます。

また「こうやって微調整しながら，頂点ウの位置を探したよね？ 定規の動き，何かに似てない？」という定規の動きとコンパスを関連付けたアドバイスも出ます。その際，定規の動きがコンパスの軌跡に見えるように，教師が支援していきましょう。

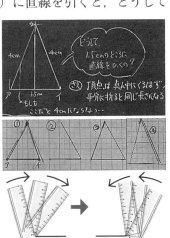

㊺

時刻と時間

3年

時間を求められない

なぜつまずくのか

　例えば，9時10分から9時50分までの時間であれば，40分という答えをすぐに求めることは多くの場合はできます。しかし，9時50分から10時20分までとなると，途端に難しくなります。これは10時をまたがっているからなわけですが，このように〇時をまたがる，正午をまたがるなどといった場合の，時刻と時刻の間の時間を求めるのは高度な問題であると言えます。

　時刻や時間の学習は1年生から続いており，そういう意味では時刻を読むことがまだ難しいなど，前の学年に戻って確認が必要な場合もあります。本項では，そういったつまずきではなく，3年生においてのつまずきについて考えていきます。

内容のポイント

　3年生で時刻や時間に関わる学習は完結します。子どもたちはこれまでに時間の単位（日，時，分，秒）や時計の読み，時刻や時間を求めることを学んできました。3年生で学習は完結するとはいえ，誰しもが今後もずっと時刻と時間に関わって生活をしていきます。だからこそ，日常生活に困らないようにしっかりと身に付けるべき知識や技能を押さえたいものです。そして，これからも使うということを生かし，日頃から時計を読む活動を取り入れたり，校外学習のタイムテーブルで時刻や時間を考えていく活動を随時取り入れるなどし，体に刷り込まれるくらいに当たり前に使える知識としていく必要があるのです。

つまずき指導

1. ぴったりを見つけよう

　ある時刻ともう一つの時刻の間の時間を求めるときに，○時や○分という単位の数値が1つだけ違う場合はすんなりと解決できます。難しいのは9時50分から10時20分のように，2つの単位が両方違う場合です。ですから，下の図のように時間尺に表して，丁寧に指導することが大切になっていきます。時間尺とは，数直線の目盛りに時刻を示したものです。時計模型を動かしながら確かめる手もありますが，1時間以上の時間を調べるには分針を2周以上回すことになるので，時間を調べるのには不向きです。

　そして，この時間尺を用いる際には，必ず"ちょうど"の時刻の前の時間と後の時間ということを意識させます。この例の場合は，10時がちょうどの時刻となります。「ちょうどまでと，ちょうどから」。このたし算が時間を簡単に求めることにつながるのです。

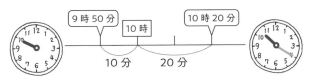

2. 午後1時を言い換えると…？

　正午をまたぐ時間を調べる場合は，先ほどの時間尺だけでなく，例えば午後1時を13時と見て考えさせる方法もあります。午前11時40分から午後1時20分の時間は，大人でもきっとすぐには答えられません。しかし，午後1時を13時とも言うということを知っていれば，時間を求めることのハードルが下がります。そして，13時という時刻の言い方は日常にもあるので，このタイミングの指導が適切であるとも言えそうです。

わり算の筆算(1)

筆算の順番（わり算だけ上から）が分からない

4年

なぜつまずくのか

「48÷3だな。8÷3は2あまり2…。あれ、42÷3をすればいいんだけど、2÷3は0あまり2…。42÷3から進まなくなっちゃった…」

```
    2
3)4 8
  6
  4 2
```

これまでの加法，減法，乗法の筆算は一の位から計算することを学習してきた子どもたちの中には，除法の筆算も一の位から計算するというイメージをもったままの子もいるかもしれません。加えて，一の位から分けたとしても，「立てる」「かける」「ひく」のアルゴリズムに沿ってしまうと，十の位をそのまま下ろしてしまうことで結果，42÷3から進めなくなってしまっています。

内容のポイント

上記の問題も48を30と18に数を分ければ九九の範囲で商を出せます。しかし，九九の範囲でできる数の分解イメージをもてていなくても，40と8のように位で分けてそれぞれ3でわって，あまりを合わせて3でわると商は出ます。

ただ，あまり同士をたして3でわるよりも，大きい位の数のあまり（10）と8を合わせて3でわる方が計算が簡単です。そのことを，式や操作と関連付けて捉えながら確かめていくといいでしょう。筆算形式を伝える前の学習でその点を共有し，筆算形式を指導していきます。

つまずき指導

1 ペアで筆算の計算リレー

友達とペアで筆算の計算リレーをします。「立てる」「かける」「ひく」のアルゴリズムをペアで確かめることもできますし、商を大きい位から立てていくことも理解できていきます。隣同士で同じ筆算を共有し、順番に計算していくことで、誤答も修正できますし、質問をすることも、上手にヒントを出すこともできます。

2 商の修正を経験する

はじめに□□□÷4の式を提示し、被除数の数を一の位から少しずつ示していきます。「答えが分かったら教えてね」と伝えて、一の位の「2」、十の位の「1」を示すと、「もう分かった。3だ」と少し動く子がいるでしょう。「まだ続きがあるかもしれないよ」と言う子もいるかもしれませんね。

百の位の□まで示し、試しに4を入れたなら103、8なら203で「もう分かったと言った子たちの見方でもいいね」と共有します。「でも、他の数だったら、そうはいかないかもね」と例えば5を示し、商の修正をさせましょう。「なるほど、下の位からできるか見ていくと、後で商を修正する必要があるんだ」と確かめることで、「やっぱり大きい位から計算するといいね」ということに気付くことができます。

「あれ？ □にどんな数が入ってもあまりが出ないよ」「本当だ！ え？だったら小さい方から2桁の数が24とか、32とかでも？」なんて、4でわり切れる数への話題が変化していくのも面白いですね。

4年 わり算の筆算(2)
仮の商を立て，修正することができない

なぜつまずくのか

　2桁でわるわり算の筆算では，わられる数とわる数の一部を手で隠して，仮の商を立て，あまりとわる数の関係を見て商を修正する指導が一般に行われます。しかし，どこを手で隠し，どの位にどんな数を仮の商として立てるのか分からずにつまずいている子どもがいます。例えば，252÷36を筆算でするときに，一の位を手で隠して25÷3で商を8と見当づけますが，なぜそのようにするのか分かっていないのです。わられる数の大きさが大きくなればなるほど，仮の商を立てられずに困る傾向にあります。仮の商を立てられたとしても，修正する回数が多ければ多いほど，計算の回数も多くなり，計算間違いにつながることも子どもにとっては難点です。

内容のポイント

　本単元では，わられる数とわる数を10を基にして考え，商を見当づけることが大切です。252÷36の場合，250÷30と見立て，さらに，25÷3の計算で考えます。この過程を，単なる手続きとしてではなく，250÷30と25÷3の計算が同じであることを図を用いて指導します。

　子どもが，10を基にして考えると同じ計算になることを意識的に捉えられるようになるまで繰り返すと，手で隠して仮の商を立てる方法の意味が分かってきます。この，何十÷何十の計算に見立て，10を基にする考え方は，単元を通して活用します。そして，仮の商を修正する際は，修正の跡を消さずに残すことで間違いを振り返ることもできます。

つまずき指導

1👉 見立てた式を 10 を基にして考える

　252÷36 の筆算では，250÷30 と見立て，25÷3 で 8 と仮の商を立てます。しかし，25÷3 が何を意味するのか分からずに，仮の商を立てられずにいる場合があります。そこで，250÷30 と 25÷3 の 2 つの式の意味について図を用いて考えます。

　250÷30 は，252÷36 を概数として見立てた式，25÷3 はその見立てた式を 10 を基にしたときの式です。これを図を用いると，250÷30 が 25÷3 をしていることと同じであることに気付くことができます。すると，わられる数とわる数を 10 を基にして考え，商を見当づけることの意味が分かり，仮の商を立てることができるようになります。

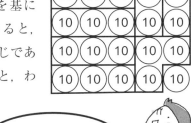

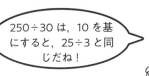

250÷30 は，10 を基にすると，25÷3 と同じだね！

2👉 一の位を隠して問題提示

　168÷28 の筆算を例に挙げます。「16■÷2■」と一の位を隠して問題を提示し，■にいろいろな数を当てはめて計算します。■にどんな数を当てはめても結局，計算のしやすい 160÷20 と見立て，16÷2 で考えることで，商を 8 として仮に立てることができます。

　このような学習が，仮にでも商を立てるために，百何十÷何十と見立て，10 を基にして 16÷2 で考えるとよいことの気付きへとつながります。筆算でどこを手で隠し，どの位にどんな数を仮の商として立てればよいかはっきりと分かってきます。

㊽ 概数 — 4年

四捨五入ができない

なぜつまずくのか

「4以下は切り捨てて，5以上は切り上げる」という四捨五入の考え方は，多くの子どもが理解できます。しかし，どの位を四捨五入すればよいか戸惑う子どもが多くいます。次のように，様々な概数の仕方の指示があることが理由として考えられます。

ア：「四捨五入して千の位までの概数にしましょう」
イ：「四捨五入して上から2桁の概数にしましょう」
ウ：「百の位を四捨五入して，概数にしましょう」

どの位を処理して，どの位の大きさの数にまるめるか判断に迷ったり，誤った処理をしてしまったりする子どもがいます。

内容のポイント

概数の指導では，概数を用いる目的を明確にしながら，用い方を理解できるようにすることが大切です。例えば，詳しい数値が分かっていても，目的に応じて数をまるめて表記する場合があります。また，棒グラフを用いて比較するように，棒の長さなどで数のおよその大きさを表す場合もあります。

四捨五入は，概数をつくる場合に最も広く用いられる方法です。このとき，数の操作だけでなく数直線などを用いて，概数にしても数の大きさが大きくは変わらないことを実感的に理解できるように配慮することが大切です。加えて，「以上」「以下」「未満」などの用語の正しい意味を確認し，数量の範囲を明確に理解させることも意識します。

つまずき指導

1 自分が分かりやすい表現を決める

どこを四捨五入にしたらよいか戸惑う子どもには，自分が理解しやすい表現を決めることを促します。そして，それ以外の指示は，自分の分かりやすい表現に変換してから考えるように促します。

例えば，「35479」という数について，左頁にあるア〜ウの問いかけをします。そして「どの指示が一番分かりやすい？」と尋ねます。ウを選んだ子どもだったら，アやイの指示はすべてウの表現に置き換えるよう助言します。

ア：「四捨五入して千の位までの概数にしましょう」

　　→「百の位を四捨五入して，概数にしましょう」

イ：「四捨五入して上から2桁の概数にしましょう」

　　→「上から3桁目（百の位）を四捨五入して，概数にしましょう」

理解しにくい表現は，自分が理解しやすい表現に置き換えて考えることを身に付けた子どもは，「切り上げ」を「0捨1入」，「切り捨て」を「9捨0入」など表現を変えたり，表現を吟味したりするようになります。

2 概数を見て指示を考える

この単元は指示があって概数をつくることが中心ですが，概数を見て指示を考える活動もあると理解が深まります。

例えば，「35479」→「約35000」を見て，「どのように指示されたと思うか」と問います。子どもは自分が理解しやすい指示文（ア〜ウのような）を想起するでしょう。その中で，例えば「百の位までの概数にしましょう」のような誤りがあったら，「では，約35500だったらどうでしょう」と問い返します。こうして，自ら誤りに気付くよう展開し，修正を促すことで，理解を深めていくことが期待できます。

㊾

―概数―

概算ができない

なぜつまずくのか

　算数の学習では，子どもは正確な数値を求めようとします。概算以外の算数の学習では，正確な数値が求められます。だから，概算で見積もることにすっきりできない子どももいます。例えば，同じ買い物場面でも，「○円以内になるように買い物する」という目的なのか，「○円以上になるように買い物する」という目的なのかによって，見積もりの仕方は異なります。

　しかし，正しく計算することにこだわったり，四捨五入という方法に偏ったりする子どもがいます。このような姿は，とにかく形式的に問題解決することを考え，何のためにその計算を考えているのかという目的の意識が弱いことが原因にあると考えます。

内容のポイント

　目的に応じて和，差，積，商を概数で見積もることを指導します。問題場面や目的に応じて，適切な桁数や切り上げ・切り捨て・四捨五入を使い分け，大きく見積もるか小さく見積もるかを判断させることがポイントです。そのために，例えば，買い物やグラフ作成時に概算を用いることで，効率的に問題を解決する場面を設定することが考えられます。

　このような指導を通して，子どもが自ら判断し，適切な概数処理を行えるように支援します。なお，概算によって積，商を見積もることは，除数が2位数の除法における商の見当をつける場面において重要な役割を担うことに留意して指導することが大切です。

つまずき指導

概数から考える

買い物場面で，正確な金額が示されているのに概算することが求められるので，子どもは正確な金額のまま計算して確かめたくなります。

逆に，概数にして表した金額を先に提示し「700円以内で3つ買い物をしよう」と投げかけたらどうでしょう。

・ポテトチップス：約200円　　・チョコレート：約100円
・ドーナツ：約200円　・クッキー：約300円　・アイス：約200円

「ドーナツとクッキーとアイスでちょうど700円だ」と，すぐに計算する子どももいます。一方で，どのように数をまるめたのか，関心を示す子どももいます。

「もし，ドーナツが210円で，クッキーが310円で，アイスが210円だったら，730円になっちゃう」

つまり，切り捨てや四捨五入をして概数にしていたとしたら，実際の金額は超えてしまうことがあるということです。逆に，全部少しずつでも安かったら，絶対に超えることはないということにも気付きます。このような視点をもったところで，実際の金額を示します。

・ポテトチップス：185円　　・チョコレート：95円
・ドーナツ：180円　・クッキー：240円　　・アイス：198円

全商品切り上げているので正確に計算しなくても，概数を使って700円になるように概算すれば，絶対に700円以上にならないことが分かります。このように説明できるようになったら，商品や総額を変えたり，目的を変えたりして発展させていくと，理解が深まります。

4年 ─計算のきまり─ 交換・結合法則を使った計算ができない

なぜつまずくのか

次の式を工夫して計算しましょう。
- 76 + 43 + 57
- 25 × 16

「工夫して計算って，もう左から計算していけばいいじゃん」

工夫して計算しましょうと促しても工夫せず，いや，工夫できずに左から順番に計算していく姿が見られます。これはこの学年までに嫌というほどひたすら計算練習をしてきた経験のある子たちによく見られるのではないでしょうか。

「答えさえ出せればいいんでしょ？」という声まで聞こえてきそうです。計算法則を用いると，計算をより簡単に求めることができます。そのためには「数をどう見るか」「きりのよい数をつくりたい」という見方や思いが働くことが必要となります。そうした数の見方の経験が少ないと，それらを用いた計算の工夫は促せません。

内容のポイント

交換法則や結合法則，分配法則などの計算法則を式を用いて一般化して捉えるとともに，それらを用いて計算の工夫を考えることが大切です。計算法則を用いることができれば，計算を簡単にできたり，未習の計算方法を考えたり，構造を捉えやすくなったりします。

計算の工夫では特に数を「きりのよい数にしたい」という意図を引き出し，計算が簡単にできるように数 (12) をたし算 (10 + 2) やかけ算 (4×3) で捉える数の感覚が大切です。

つまずき指導

1 ☞ □に入れる数を考える

188 + □ + 162 （□には 38, 50, 12 が入る）

上のような式と条件を示したところで「どの数を入れたい？」と問います。すると「12 がいい」「38 がいいな」「50 でもいいよ」と，それぞれの数を入れたいという声が上がるでしょう。「どうして 12 がいいと思ったのか分かるかな？」など，それらの数を選んだ意図を解釈したり，引き出したりして，「200 をつくりたい」といったきりのいい数にすれば計算がしやすくなる考えを引き出しましょう。その際に，

188 + 38 + 162 = 188 + （38 + 162）

188 + 50 + 162 = 188 + 162 + 50

といった加法の結合法則や交換法則を用いていることを確認するとよいでしょう。

2 ☞ 数の見方を養う

数をかけ算で見る感覚を養います。九九表から適当に 4 マス（上下左右隣り合ったもの）を切り出し，それらの斜めの数同士の積を問います。

15	18
20	24

$$15 \times 24 = 360 \qquad 18 \times 20 = 360$$

すると斜め同士の積が等しいことに気が付くでしょう。どの 4 マスでもそうなります。「どうして斜め同士の積が等しくなるのかな？」と話題を絞り，考えるよう促します。「15 は九九表のどこにある数かな？」と問うなどして，15 = 3×5 であることをきっかけに，

$$15 \times 24 = 3 \times 5 \times 4 \times 6 \qquad 18 \times 20 = 3 \times 6 \times 4 \times 5$$

と，それぞれの数をかけ算で表し直し，交換法則を用いてどちらも 3, 4, 5, 6 をかけたものであることを確かめましょう。

(51)

4年

計算のきまり

分配法則を使った計算ができない

なぜつまずくのか

次の式を工夫して計算しましょう。

・125×4　・13×88＋13×12　・98×35

前項にもつながりますが，分配法則を用いた計算でも「きりのよい数をつくれば計算がしやすくなる」「きりのよい数をつくるための数の感覚（数をかけ算・たし算で捉える）」といった経験がなければ，きっと計算ばかりしてきた子にとっては，「面倒だけど，そのまま計算すればいいじゃないか？」と思うことでしょう。

88と12で100をつくったり，98を100より2小さい数と捉える経験が少ないと気付きにくくなると思われます。

内容のポイント

繰り返しにはなりますが，きりのよい数をつくることで計算が簡単にできることを味わわせたいものです。また分配法則は，2年生から九九の構成の際に働かせてきた大切な計算法則で，3年生ではかけ算の筆算でも用いられています。

ここでは，A×（B+C）の式を展開していく場合と，A×B+A×CをAでくくる因数分解のどちらも意識して活用する経験が大切です。加えて単に計算を簡単にするだけでなく，事象の構造を捉えやすくすることもできます。

計算法則は単に覚えるだけでなく，活用することにこそ価値があります。

つまずき指導

☞ □に入る数を考える

次の計算をしましょう。□には 1～5 の数字が一つずつ入ります。

> ア：125×□　　イ：13×88＋13×□□　　ウ：98×□□

上のような式と条件を示した後に，「どんな数を入れたいかな？」と尋ねます。アの□の数を 1 から順に問うと，「2 は一の位同士のかけ算で 10 になってきりがいいよ」との声もあるでしょうが，「1 や 2 を入れるのはもったいない」「そこは 4 がいい」といった反応も出てくるはず。4 を入れる考えには，「25×4＝100 だからきりのいい数になって，100×4 の 400 とたし算がしやすい」という意図や 125 を 100 と 25 に分けて考え，「125×4＝100×4＋25×4」とする意図も出てきます。

続くイの問題では「□には 12 を入れたい」とする意図を解釈します。「13×88＋13×12 だと 13×（88＋12）で 13×100 となって，計算がしやすい」「100 をかけるって簡単だね」と，今度は 88 と 12 を合成して 100 をつくり，100 をかけることは計算しやすいという考えを共有しましょう。

最後にウの問題。残った数では 35 か 53 ができます。ここでも「きりのいい数ができるよ」「35 の方がいいな」との声を引き出しましょう。「98×35 だと一の位が 0 になる」「98 は 100－2 とも見れるから（100－2）×35＝100×35－2×35 で 3500－70＝3430」と，35×2 できりのいい数をつくると同時に，98 を 100－2 と見て，きりのいい数をつくっている考えのよさも扱いましょう。

式の数を決める中に，計算を簡単にするためにきりのいい数をつくろうとする姿が見られるはずです。式は抽象度が高い表現ですので，面積図と関連付けて捉えることも理解を促す助けとなるでしょう。

4 年

㊾

計算のきまり

4年

整数の四則計算の順序が分からない

なぜつまずくのか

「4+6×3は，4+6で10で，10×3で30だね」

「13+(36−16÷4)，かっこから計算するから36−16で20，20÷4で5，13+5で18になる」

　上のような計算方法には「かけ算やわり算の式自体をまとまりとして捉えることができていない」というつまずきが見られます。式を数量のまとまりとして見ることの不十分さと，式は左から計算するものという意識が合わさっています。もし場面が示されていて，このような誤答があるとすれば，自分なりの計算順序で解は出せても，その解が場面と整合した違和感のない解になっているかを振り返る意識が十分でないことが考えられます。

内容のポイント

①（　）から，②かけ算わり算から，③左から計算する。

　上の計算の順序を形式的に教えるのではなく，場面を用いて数量のイメージをもちながら学ぶことが大切です。

　2段階の場面（例：300円持っていて，60円の品を3つ買うときの残金）を60×3＝180，300−180＝120と2つの式（分解式）で表す場合と，300−60×3＝120と1つの式（総合式）で表す場合があります。ここでは総合式を扱い，60×3という式自体が60円の品3つ分の金額という数量のまとまりを表していることを理解することで，計算の順序に目を向けていけるようにしましょう。

132

つまずき指導

1 👉 問題場面に立ち返り，誤答が誤答であることを考える

「ひでみさんは 500 円玉を持って，1 つ 210 円の桃を 2 つ買いました。何円残りますか？」

場面を 1 つの式に表すよう促します。以下の式が考えられます。

ア：500 − 210 − 210　　イ：500 − 210×2

ウ：500 −(210＋210)　　エ：500 −(210×2)

次に，それぞれの答えを聞く中で，500 − 210×2 だけは授業者が誤答として 580 と書きます。すると子どもたちからは「それは違うよ！」と声が上がります。「でもさ，ウとエはかっこがあるから先に計算するって分かるけど，かっこがないんだからアみたいに左から計算してもいいんじゃないの？」と揺さぶりましょう（「確かに」と言われたら怖いですが……）。「でもさ，580 円って，持っているお金より増えているよ！」「それだとさ，桃を 1 つ買ってそのおつりが 2 倍になっちゃう」と，問題場面と関連付けて誤答を説明する姿を引き出しましょう。

それらのやり取りを経て，エのようにかっこをつけて計算すると間違えなさそうですが，算数ではかけ算やわり算はかっこを外すこと，でもそれらの式は数量のまとまりを表していることを教えましょう。

2 👉 指定された数で数をつくる

「4，4，4，4 と＋，−，×，÷，（ ）を使って 1〜9 はつくれるかな？」

上のような問題で，指定された数で数をつくり，紹介し合う活動を通して計算順序について確認・習熟も図れます。

また「ジャマイカ」という教具を使って数をつくる活動も楽しく計算順序を意識することができます。授業の導入時に扱ったり，ジャマイカ大会を開いたりするのもおすすめです。

㊙ 4年 [分数] 分数の大小比較ができない

なぜつまずくのか

　同分母の分数の大小比較は正しくできるのに，同分子の大小比較でつまずく子どもがいます。例えば，$\frac{3}{4}$と$\frac{3}{5}$は，同じ大きさだと判断する子どもです。

　このような子どもも，$\frac{3}{4}$を図にすることはできます。$\frac{3}{5}$を図にすることもできます。しかし，それを並べて比較しようとすると，同じ大きさだと誤った判断をしてしまうのです。

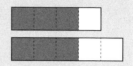

　$\frac{3}{4}$は「4つに分けた3つ分」，$\frac{3}{5}$は「5つに分けた3つ分」という説明で止まり，もとの大きさである1への意識が不足していることが理由として考えられます。

内容のポイント

　本単元は，1を超える大きさの分数について学習します。新しい学習内容ではありますが，3年生の分数の指導を継続しながら，1より大きな分数へ拡張して考察させることが大切です。その際，円の図と長方形の図がよく用いられます。円の図は，単位分数の大きさが分かる長所がありながら，1を超える分数の表示ができないところが短所です。

　長方形の図は，1を超える分数でもつなげて表示できるところが長所ですが，一部分だけを見ても分数の大きさが分からないことが短所です。ここでは，見えにくいからこそもとの大きさへの意識を高めることをねらって，長方形の図を用いた実践を紹介します。

つまずき指導

1☞ もとの大きさを揃える活動

子どもの分かり方を表出させ，修正する活動を設定します。例えば，左頁のように，「$\frac{3}{4}$と$\frac{3}{5}$は，同じ大きさだ」と判断する子どもがいたら，根拠としている図を共有し，そう考えた理由を尋ねます。図を基に検討すると，$\frac{1}{4}$と$\frac{1}{5}$の大きさが等しくなっていることや，もとの1の大きさが揃っていないことが指摘されるでしょう。

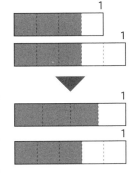

このように問題点を焦点化できたら，修正の活動を設定します。こうして，単位分数やもとの1の大きさを意識して分数の大小を判断できるようになります。

2☞ 別の場面で考えてみる

誤った考え方が表出したら，そのまま別の場面に適用させるという指導も考えられます。

例えば，左頁のような図で子どもが納得してしまったときは，「そう考えれば同じに見えるね。だったら$\frac{3}{4}$と$\frac{3}{6}$はどうでしょう」のように問うのです。そして，子どもの次のような気付きを待ちます。

・$\frac{3}{6}$は半分だけど，$\frac{3}{4}$は半分より大きい。だから，$\frac{3}{4}$の方が大きいはず。
・分母が変わったのに大きさが等しいのはおかしい。このままだと，$\frac{3}{7}$も$\frac{3}{8}$も$\frac{3}{9}$も等しいってことになっちゃう。

このように違和感に気付くことができれば，$\frac{3}{4}$と$\frac{3}{6}$の正しい大小比較ができます。その後，「だったらさっきの$\frac{3}{4}$と$\frac{3}{5}$も……」と振り返って，自ら修正に向かう姿が期待できます。

4年 ─角の大きさ─

分度器で測定できない

なぜつまずくのか

分度器で正確に角度を測ることにつまずく子どもは多く見られます。

子どもの測り方を見てみると，分度器の中心と角の頂点を合わせることができていないまま目盛りを読み取ってしまっていることがあります。

また，中心を合わせることはできても，内側と外側，どちらの目盛りを読めばいいのか分からず困っている子どももいます。

こういった状態の子どもたちは，角度を測ることの意味が分からず，分度器を使う手順を丸暗記しただけになってしまっていることが考えられます。角度を測ることの意味を理解し，それを一つ一つの手順とつなげて考えながら，測定をしていきたいものです。

内容のポイント

初めて直角が登場する2年生では，基本的には角は「形」として扱われます。それに対して4年生では，角の大きさを「回転の大きさ」として捉えます（頂点を中心にして1本の辺を回転させたときの大きさ）。

長さをものさしで測るように，角度を測るときには分度器を用います。円（1回転）を360等分した1つ分を1°とし，そのいくつ分にあたる大きさかで角の大きさ（回転の大きさ）を測定します。角の大きさに着目するという新たな見方は，図形の理解を深めることにつながります。

つまずき指導

1 「角度当てゲーム」で角度の量感を

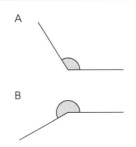

「角度当てゲーム」とは，先生が提示した角度を推測して当てるというゲームです。例えば黒板に右のような図をかいて，何度だと思うか当てるゲームをします。このとき，頼りになるのが，1～4直角です。右の図のAなら，1直角から2直角の間。つまり，90°～180°の間ということになります。こうして，だいたいの角の大きさを捉えることは，前述したような分度器の内側と外側の目盛りの読み間違いを防ぐことにもつながるでしょう。また，Bの角度であれば，2直角から3直角の間。つまり，180°から270°ということになります。180°を超える角度を測定する際につまずく子どももいますが，こうして「2直角（180°）と何度くらい」と考えることは，そのまま測定方法の理解にもつながります。

2 先生の「間違い角度測定」にみんなでツッコミ

測定のミスは，なかなか自分では気付きません。そこで，分度器を使って角度を測る練習の前には，先生がよくあるミスを演示し，子どもにそのミスを指摘させることが有効です。左頁でも扱った「分度器の中心を合わせるのを忘れる」「間違った目盛りを読んでしまう」といったつまずきを教師が演示することで，子どもたちは嬉々としてツッコミを入れてくれるでしょう。先生が「何がおかしいの？ これで合ってるでしょ？」などとさらにとぼけると，子どもたちはそれが間違っている理由を説明し始めるはずです。おかしいと思う理由をペアで説明するなど，自分の言葉で説明した経験があれば，自分が角度を測る際により強くそこを意識するようになるので，同じミスをしにくくなります。

(55)

4年

垂直と平行

垂直の定義が分からない

なぜつまずくのか

垂直の定義は，「2本の直線が交わってできる角が直角のとき，この2本の直線は垂直である」です。したがって，右図のように，2本の直線が交わっていない場合でも，垂直な関係と言えます。

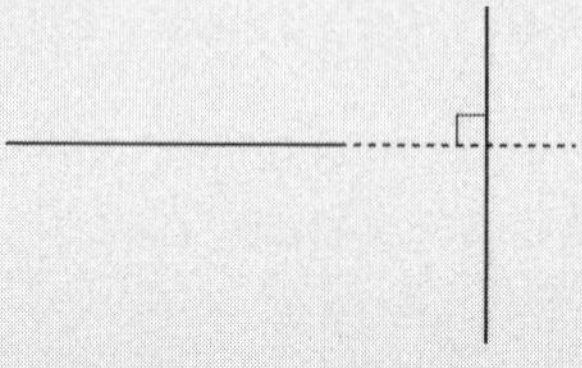

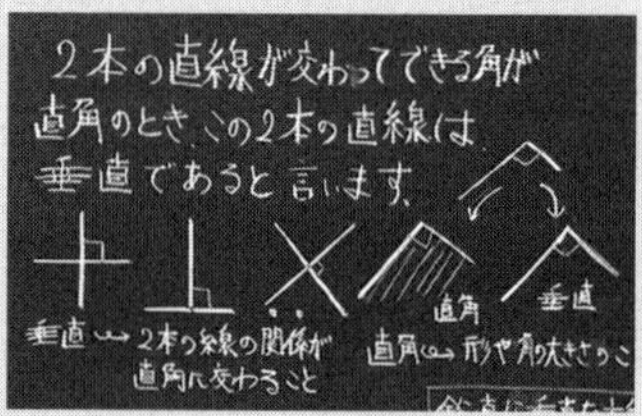

しかし，この2本の直線が垂直な関係だと判断できない子がいます。垂直の定義には，直角という言葉も入っており，垂直と直角の意味を混同していることが原因だと考えられます。

垂直は2つの「直線の位置関係（交わり方）」を表す言葉であり，直角は「角の大きさや形」を表す言葉です。

内容のポイント

本単元は2つの直線の位置関係や四角形の性質について学習します。2つの直線の位置関係は，交わる場合と交わらない場合に大別されます。その特殊な場合として，2つの直線が直角に交わる場合を垂直といい，交わることのない場合を平行といいます。そのため，これまでに学習した構成要素（辺・角・頂点）に加えて，図形を考察する新たな視点として，直線の位置関係や対角線の性質を学びます。

つまずき指導

1. 天秤がつり合う理由を考える

上皿天秤の絵を見せ，支柱，うで，支点，台などの用語を確認します。その後，「天秤がつり合うって，どういうこと？」と発問します。子どもから「まっすぐになる」「傾いていない」などの意見が出るでしょう。

そこで，例えば「傾いていないって，どういうこと？」と問い返します。「支柱とうで，または，支柱と台が直角になっている」のように，垂直な関係に着目

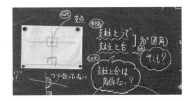

した意見が出ることが予想されます。ここで，教師から2つの直線が直角に交わっていることを垂直と教えます。なお，子どもが「うでと台がまっすぐになっている」という平行な関係に着目した場合は，子どもの自然な思考に沿って授業を進めていきましょう。また，垂直と平行は密接な関係のため，相互に関連付けた指導を心がけることが大切です。

2. 身の回りにある「垂直・平行探し」を行う

学校や家，街の中から垂直や平行になっているものを見つける活動を行います。子どもは窓や本棚など，垂直や平行になっているものをたくさん見つけるでしょう。そこで，「なぜ，身の回りには垂直や平行なものが多いのかな？」について考えていきます。例えば，本棚やロッカーの場合，「安定する」「頑丈」など，図形の機能面に着目した意見が出ます。このように，図形の学習において，図形と機能面を関連付けた指導は重要だと考えます。

㊌

4年 ――垂直と平行――

平行の定義が分からない

なぜつまずくのか

　平行の導入では，一般に複数の四角形を提示し，仲間分け活動を行うことが多いです。子どもは平行の有無に着目して，四角形を分類整理していきます。その過程において，平行に対して感覚的にもっている言葉を表現する姿が表出します。例えば，「前へならえみたいにまっすぐ」「幅がどこも等しい」「どこまで行っても交わらない」などです。これらの発言は平行の定義ではありませんが，平行の性質につながる大切な言葉です。

　しかし，教科書では，平行の定義は「1本の直線に垂直な2本の直線は平行である」と書かれています。子どもは「自分たちが考えた平行を表す言葉」と「教科書の定義」の違いに驚くことが予想されます。子どもにとって，「平行の定義なのに，どうして『垂直』が関係あるんだろう？」という問いが生まれるからです。これは，子どもが平行の定義につまずく姿だと考えられます。

内容のポイント

　本単元は2つの直線の位置関係や四角形の性質について学習します。2つの直線の位置関係は，交わる場合と交わらない場合に大別されます。その特殊な場合として，2つの直線が直角に交わる場合を垂直といい，交わることのない場合を平行といいます。そのため，これまでに学習した構成要素（辺・角・頂点）に加えて，図形を考察する新たな視点として，直線の位置関係や対角線の性質を学びます。

140

つまずき指導

1. 作図を通して，平行の定義を見直す

　子どもは，平行の作図に難しさを感じることが多いです。自分なりに平行のイメージはあるものの，作図しようとするとうまくいかないからです。このとき，教科書の平行の定義に立ち返り，垂直に着目して作図をするように促します。1本の直線に対して垂直な2本の直線をかくことで，平行の作図ができるようになります。

　平行の作図には大きく2種類あります。1つは，三角定規を上下に動かすことから「エレベーター方式」と呼ぶことにします。もう1つは，1本の直線に等しい角度で交わる性質（同位角）を見つけ，三角定規を右斜下に動かすことから「エスカレーター方式」と呼ぶことにします。このように，作図を通して，平行の定義に垂直が関係している意味を実感することができます。

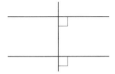
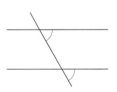

2. 平行○×クイズをする

　2直線の関係が平行かどうかについて，平行の定義に基づいて判断するクイズを行います。例えば，陸上トラックのカーブ，目の錯覚を利用したトリックアートなどが面白いです。

　1本の直線に2本の垂直な直線が引けるかを調べ，平行かどうかを判断していきます。一見，平行に見えるものでも，定義に沿って調べて確かめることが大切です。

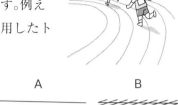

(57)

4年

面積の比べ方と表し方

単位を揃えることができない

なぜつまずくのか

例えば0.3kgと280gの重さを比べるとき，両方の単位を「kg」や「g」など，同じ単位に揃える必要があります。0.3kgを300gに直したり，280gを0.28kgに直したりするなど，ある単位で表された量を他の単位に直して表すことを単位換算といいます。高学年になってもこの単位変換が苦手な子どもは多く見られます。子どものつまずきとして考えられるのは，次の２点です。

① 1kg＝1000 gなど，基本となる単位間の関係を理解していない（覚えていない）。

② 単位間の関係は分かっているが，どのようにそれを活用して換算してよいか分からない（1kg＝1000gなのは分かっているが，0.28kgをどうやってgに直してよいか分からない）。

内容のポイント

単位換算には，単位間の関係が正しく捉えられていることが必要です。

上記した重さの単位（g，kg等）に加えて，長さの単位（mm，cm，m等），かさの単位（dL，L等），時間の単位（秒，分，時間等）といった単位間の関係も扱います。

中でも４年生で初めて登場する面積の単位（cm^2，m^2，a，ha，km^2等）は，子どもが日常で使う機会が少なく，単位間の関係を理解することがとても難しい単位であると言えるでしょう。それぞれの単元で，これらの単位の関係をしっかり捉えていることが単位換算の前提となります。

つまずき指導

1 単位間の関係を作業的・体験的に楽しく学ぶ

重さや長さなど，各学年で新しい単位を学ぶとき，単位間の関係をただ丸暗記するだけでは，子どもはすぐに忘れてしまいます。量を実際に測定する作業的・体験的な活動や，そこで分かった単位間の関係を使って自ら表現したり説明したりする活動を取り入れることが大切です。

例えば，1円玉（1g）を1000枚数えて1kgをつくったり，体育館の床に$1m^2$の新聞紙を100枚敷き詰めて1aをつくったりした体験は，子どもにとってとても印象深いものとなるでしょう。大がかりな活動は難しいかもしれませんが，普段の授業でできる範囲で，子どもたちが楽しみながら単位間の関係を捉える活動をつくりたいものです。

2 「縦に並べる」ことで単位間の関係が見える

単位間の関係は分かるけれど単位換算ができない場合，数量の関係をより捉えやすくする「見せ方」が重要になります。例えば，45aが何m^2か分からなくて困っている子どもがいた場合，分かっている単位間の関係と，今知りたいことを「縦に」並べてみましょう（右図参照）。

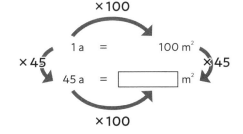

2つの式を縦に並べるだけで，数量間の関係がぐっと見やすくなったのではないでしょうか。このように置くだけで「分かった！」と自らその関係に気付ける子どもも多くいます。自分がもっている知識と目の前の問題をつなげて考えるためのひと工夫です。

㊽

4年 ─ 直方体と立方体 ─

空間認識ができない

なぜつまずくのか

右の直方体の見取図を見て「面Aと平行な辺」を判断できない場合，次の2点がつまずきの原因として考えられます。

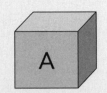

1点目は，「立体をイメージすることができないこと」です。教科書やプリントは見取図を用いて，問題を出すことが多いです。つまり，子どもたちは平面（二次元）で表現された図から立体（三次元）を読み取ることを求められていることになります。ここがイメージできないことが，つまずきの原因の一つだと考えます。

2点目は，「立体における垂直，平行の関係が理解できていないこと」です。立体がイメージできたとしても，面と辺の垂直とはどのような関係のことをいうのか理解していなければ，判断は難しいでしょう。実際にものを手に取って操作し，理解する必要があります。

内容のポイント

空間認識能力とは，「物体のある場所・向き・大きさ・形・速さ・位置関係等を素早く正確に認知できる力」のことを指すと言われています。

人間は，立体の「今見えている面」しか把握できず，側面や裏側，内部等を一度に見通すことはできません。面や辺の関係においても，見ただけでは分かりません。手に取って上下左右に回してみたり，触ってみたり分解してみたりしながら，理解していくことが大切です。

つまずき指導

面と辺が垂直，平行なのは，どれ？

　面と面，あるいは面と辺の垂直や平行の関係を捉えるために，まずは子どもたちが実際に立体を操作したり，図形を構成したりしながらその関係を理解していくことが大切です。

　例えば，1枚の紙を面，鉛筆を辺（直線）と見立てると，子どもがそれぞれの手元で面と辺を操作しながらその関係を捉える活動ができます。

　「これは垂直かな？」「これって平行と言っていいんだろうか？」と，クイズのように問題を出すことで，楽しみながら垂直と平行の関係を捉えることもできます。

　右図のように，正面から見ると垂直に見えても，横から見ると直角に交わっていない関係は，「面と辺が垂直」であるとは言いません。

　また，右下図のように，平面上での垂直と混同して考えてしまう子どもも出てくるでしょう。たくさんの事例について楽しくクイズを出し合う中で，面や辺の垂直，平行を子どもが納得しながら捉えていく過程が重要です。

　その後は実際の直方体を手に，どの面とどの面が垂直なのかを確認したり，クイズを出し合ったりしてみましょう。全員で同じ立体を共有しながら話をしたいときには，教室を一つの直方体と見立てて「天井と平行な辺はどこにあるかな」などと考えてもよいでしょう。

(59)

4年

直方体と立方体

展開図をかくことができない

なぜつまずくのか

直方体の展開図をかく際は，「どんな形の面」が「どうつながっているか」を捉えることが必要です。

例えば，右のような展開図をかいた子どもは，同じ形の面A，Bをつなげてかいています。これは，組み立てたときに「向かい合う2つの面が同じ形になる」という「面と面」の関係に着目できていないと考えられます。また，図の点線で表した辺は，同じ長さになるはずです。組み立てたときに「どの辺とどの辺が重なるのか」という「辺と辺」の関係に着目できていない可能性も高いと言えます。

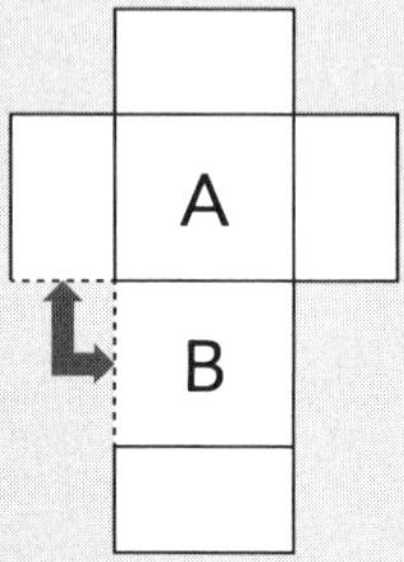

内容のポイント

直方体の展開図をかくときに重要になるのは，前述の通り，「面と面」や「辺と辺」の関係に着目することです。「この辺と重なるのはどの辺か」「この面と向かい合うのはどの面か」など，図形の辺や面の関係について繰り返し考察していくことが，立方体や直方体についての理解を深め，空間についての感覚を豊かにすることにつながります。

中でも特に意識したいのは，「辺と辺」の関係です。組み立てたとき，展開図上の辺と辺が「どうつながるか」を考えることで，子どもは面の形を漠然と捉えることなく，辺の長さをより注意深く見るようになります。

つまずき指導

1. まずは面を組み合わせて展開図をつくる

　直方体の「面と面」や「辺と辺」の関係を捉える力には個人差があります。苦手な子どもにとって，いきなり正確に展開図をかくことは至難の業です。そこで，まずは直方体の「面」を使って，展開図をつくる時間をたっぷりと取りましょう。

　6つの面をつくって，それを組み合わせることで展開図をつくります（右写真参照）。展開図ができたら，それをテープでくっつけて実際に直方体ができるかどうか確かめていきます。子どもたちは次々と展開図をつくり，組み立てることを楽しみます。

　次項でも述べていますが，こうして立体から展開図を，あるいは展開図から立体をつくる経験をたくさん積むことで，子どもたちは「面と面」や「辺と辺」の関係を捉えることができるようになっていきます。

2. 展開図間違い探し

　「面と面」「辺と辺」の関係を意識するためには，間違い探しも有効です。左頁で取り上げた展開図や，右写真のように，わざと直方体にならない展開図を提示することで，子どもたちはそれが直方体にならない理由を説明するでしょう。

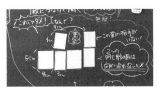

　「この図だと，この面とこの面が向かい合わずに重なっちゃうよ」

　「この辺とこの辺の長さが合わないよ」

　「面と面」「辺と辺」の関係について理解を深めつつ，間違いを修正することで，正しい展開図をかく練習にもなる活動です。

―直方体と立方体―

4年 立体と展開図の関係がつかめない

なぜつまずくのか

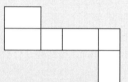

立体から展開図をつくったり，展開図からどんな立体ができるのかイメージしたりできない子どもは何につまずいているのでしょうか。

前項で取り上げたように，図形の「面と面」や「辺と辺」の関係に着目できていないことが原因の一つであると言えるでしょう。

しかし，どこに着目すべきかが分かったとしても，立体と展開図をすぐに頭の中でつなげて考えられるようになるわけではありません。立体と展開図の関係を捉えるには，何度も立体と展開図を見比べ，展開図から立体をつくったり，立体から展開図をつくったりした経験や体験が必要です。その経験や体験が十分ではないことが，子どものつまずきにつながっていると考えられます。

内容のポイント

これまでの項でも述べてきたように，展開図は立体を平面上に表現するための方法の一つです。立体を観察して展開図をかくことも，展開図からどんな立体ができるのか考えることも，その立体についての理解を深め，空間についての感覚を豊かにすることにつながる，とても価値ある活動です。

だからこそ，子どもたちが展開図と立体を何度も行ったり来たりしながら，その関係を捉えていく時間をたっぷりと取ることが大切です。

つまずき指導

1. 展開図は何種類できるかな

　子どもたちが展開図から立体をつくったり，立体から展開図をつくったりすることに没頭し，夢中で取り組めるような活動を仕組みます。

　まずはシンプルですが，立方体や直方体が何種類かけるか考えるという活動です。「辺と辺」や「面と面」の関係を捉えさせるには，辺の長さや面の形が異なる直方体の展開図を扱う方が効果的です。直方体の展開図は54通りもあります。夢中になったら，授業時間だけではなく，休憩時間や自主学習でも取り組む子どもも出てくるかもしれません。

2. 面を切り開いた展開図

　展開図をかく際の応用編として，右のような展開図をつくることもできます。普段の展開図が「辺を切り開いてつくられたもの」であるのに対して，この展開図は「面を切り開いてつくられたもの」です。どの辺とどの辺がつながるのかを強く意識できれば，このような展開図を子どもたちが生み出すこともできます。

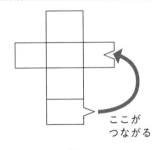

ここがつながる

　展開図をつくる中で，楽しみながら立体と展開図の関係を捉えていくことができるでしょう。

4年

㉛ 4年 ｜直方体と立方体｜ 見取図をかくことができない

なぜつまずくのか

　直方体は，すべての面が長方形や正方形で構成されています。また，向かい合う面や辺は平行であり，隣り合う面や辺は垂直な関係です。しかし，直方体の見取図をかく場合，面と面，辺と辺，面と辺の平行関係は保存されますが，それ以外は実際の辺の長さや角の大きさを使ってかくことができません。

　右の板書は，見取図をかくにあたり，実際に子どもが困っていたことを書いたものです。「すべての面を長方形でかきたいけど，かけない」「正面の長方形（90度）はかけるけど，上と横の面は長方形にかけない」など，見取図をかくことにつまずく姿が見られます。

内容のポイント

　見取図は，立体（三次元）を平面（二次元）にかき表した図です。見取図をかくことを通して，面と面，辺と辺，面と辺などの図形の構成要素の関係を考察していきます。また，見取図をかくには，図形をどの位置から見るかが大切です。図形を見る視点は「正面」「真横」「真上」の3つがあります。ただし，図形の置き方によってこれら3つの向きは変わります。そのため，授業中にどの面を正面にするかを共有する必要があります。また子どもの発言に対して「直方体をどの方向から見ているか？」を教師が問い，見る方向を表す言葉を顕在化させていきましょう。

つまずき指導

1👉 図形（直方体）を観察する視点を共有する

「直方体をどの方向から見れば，全体の形が分かるかな？」と発問し，斜め上から直方体を見ると3つの面が見えることを共有します。その際，「6つの面が見えないからかけないよ」という子どものつまずきも想定されます。しかし，直方体は向かい合う面は合同になるため，3つの面が分かれば問題なくかけることが明らかになります。

その後，見取図に3つの面をかくために，直方体を正面，真横，真上の3つから図形を観察します。子どもがどの位置から図形を見ているかを言語化させていくことは，見取図をかくときの手立てになります。

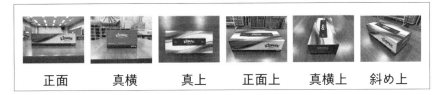

正面　　真横　　真上　　正面上　　真横上　　斜め上

2👉 直方体の模型（三次元）と見取図（二次元）を比較する

直方体の模型は，長方形や正方形で構成されています。また，直方体は向かい合う面や辺は平行であり，隣り合う面や辺は垂直な関係になっています。一方，見取図は，正面は長方形ですが，真上・真横の面は平行四辺形になっています。また，向かい合う面や辺は平行になっていますが，隣り合う面や辺は垂直な関係になっていません。直方体の模型と見取図の共通点は，どちらも向かい合う面や辺が平行な関係になっていることです。相違点は，直方体の模型は隣り合う面や辺が垂直な関係になっているのに対して，見取図は垂直な関係になっていないことです。

つまり，見取図は向かい合う面や辺が平行な関係になるようにし，隣り合う面や辺は垂直な関係にはならないようにかくことが分かります。

5年 ─小数のかけ算─
かけ算の立式ができない

なぜつまずくのか

多くの場合,「(1つ分)×(いくつ分)=(全体)」という言葉の式を拠り所として,乗法の立式を行います。問題構造が同じならば,数値を変えても成り立つという形式不易の原理が前提となっています。しかし,この説明では子どもの違和感は解消されません。

例えば,「80×3」は「80が3つ分」と理解していた子どもが,「80×2.4」に適用しようとすると,「80が2.4つ分」という説明になり,きっと次のような違和感をもつはずです。
・「80×2.4」とは一体どういうことなのか。
・「2.4つ分」とはどういう意味なのだろうか。
・80×2.4というかけ算の式にしていい理由はどこにあるのか。
このような子どもがもつ疑問を解消していく必要があります。

内容のポイント

本単元は,かけ算の意味を拡張していくことが最大のポイントです。かけ算の意味を拡張するということは,「(1つ分)×(いくつ分)=(全体)」という理解を「(基準量)×(倍)=(比較量)」という理解,つまり,1とした数(基準)の何倍かを求める計算という理解に捉え直すことです。

このような学習内容に加えて,かけ算の概念の拡張について考えさせ,「創造的な考えやその体験を与える重要な機会」と教師が認識し,その価値を子どもに捉えさせるよう積極的に取り組むことこそ,算数を学習する目的として大切なことです。

つまずき指導

1☞ 数直線図を使って，比例関係を見える化する

倍の意味づけを引き出すために，右のような比例数直線を活用します。比例は，かけ算が成立する前提となる数量の関係であり，基準の何倍の量にあたるかという倍関係を

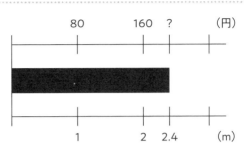

捉えやすくします。そこで，比例関係が埋め込まれた数直線図を学習材とし，子どもにとって既習の倍の意味づけを引き出していきます。

2☞ これまでのかけ算を振り返る
　　　－2年生にかけ算を教えに行こう－

本単元の終末に，2年生にかけ算の意味を教えにいくという活動を設定しておくことも効果的です。かけ算は比例関係が前提となっていることを学習した子どもは，改めて自分が学習してきたかけ算の意味を捉え直すことができます。

右は，評価問題について，2年生がどのように答えられるようになることを目指すのか話し合い，子どもが作成した評価基準です。同数累加の意味づけを確認しながら，子どもは2年生のかけ算の問題も箱の数と缶詰の数の比例関係が前提となっていることに気づきます。

こうして，今学習していることと，これまで学習してきたことが同じことを考えていると捉えることができるようになります。

63 5年 小数のかけ算

小数点の移動ができない

なぜつまずくのか

「32.4×1000＝324000」

5年生の算数を担当すると，このような間違いをする子どもが複数います。どうしてこのような間違いが起こるのでしょうか。解答した子どもたちに理由を聞いてみると，次のように答えます。「だって，×1000は0を3つつけると思っていたから」と。4年生までの学習の中で，×10は0を1つ増やす，×100は0を2つ増やすと理解している子どもが少なくありません。もしかしたら，教師もそのように考えることを価値づけていたかもしれません。十進位取り記数法の考えと関連付けながら，学び直す必要があります。

内容のポイント

4年生では，億や兆などの単位を学び，数のまとまりに着目して整数や小数が十進位取り記数法で表されることを指導します。小数についても範囲を$\frac{1}{100}$の位まで広げ，小数が整数と同じ十進数であることを学習します。

5年生では，これを基に10倍や$\frac{1}{10}$などの位の移動を小数点の移動として捉える力を養い，計算や概算を効率よく行えるようにします。例えば，32.4÷100を筆算ではなく，小数点を左に2つ移動して0.324と求める考え方を指導します。10倍，100倍，……したときの位の移動は，小数点の移動とも捉えることができます。このことを十進位取り記数法の考えと関連付けられるようにすることが大切です。

つまずき指導

1 数を分解して考えよう

位の移動を小数点の移動と捉えることができるようにすることが大切です。そのために，位ごとに数を分解して考えることが有効です。左の問題「32.4×1000」であれば，「32.4」を「30」と「2」と「0.4」のように分けてみるのです。そして，それぞれを1000倍するといくつになるかを考えます。どの数が最も考えやすいか選択させてもよいでしょう。

多くの子どもは「2」は「2000」になることは自信をもって答えます。これが基準となって，「30」は「30000」に，「0.4」は「400」になると考えられます。結果，「32400」という結論を導くことができます。

どの数を見ても，1000倍すると位が3つ移動することを理解できるとともに，一の位の数に注目すると位の移動が分かりやすいと考えます。一の位の右側にはいつも小数点がついていますので，一の位の移動が小数点の移動と同じことだと理解することができます。

2 10倍（$\frac{1}{10}$）を何回したことになるかな

1000倍が10倍を3回繰り返したことだと理解できていない子どもがいます。「10倍を3回したら？」と尋ねたら「30倍」と答える子どもが一定数いました。10倍（$\frac{1}{10}$）は位が1つ移動することを理解している子どもであるなら，分かりにくい場面は10倍（$\frac{1}{10}$）を使った分かりやすい場面に置き換えてしまえばよいでしょう。「32.4×1000」ならば，「1000倍って10倍を何回したことになるかな」と尋ね，10倍を3回，つまり「32.4×10×10×10」と変換します。$\frac{1}{1000}$であれば「$\frac{1}{10}$を3回した」と変換すること促し，力を高めます。これは，「分かりにくい場面に出会ったら，自分が分かりやすい場面に置き換えて考える」というつまずきを自分で乗り越える方法の一つにもなります。

5年

155

5年 ─小数のわり算─ 計算の仕方が分からない

なぜつまずくのか

360÷1.8 の計算の仕方を考える際，1.8 を 10 倍して 360÷18 として計算し，出た商の 20 を $\frac{1}{10}$ にして戻すことで 2 になると考える子どもがいます。これは，小数のかけ算の際，整数化するという方法で計算の仕方を考えてきたからです。例えば 80×2.4 の計算は，2.4 を 10 倍して 80×24 とし，出た積の 1920 を $\frac{1}{10}$ して戻すことで，192 になると求める計算の仕方です。

これは計算の仕方を形式に当てはめて考えるだけになってしまい，その意味を考えることが不足していることが原因です。例えば，わる数を 10 倍にする目的や商の意味などを問い，理解を促していく必要があります。

内容のポイント

本単元は，わり算の意味を拡張し，計算の仕方を考えることが大切です。360÷2 であれば「360 を 2 等分する」という意味で納得していました。しかし，360÷1.8 になると「360 を 1.8 等分する」となり，意味が通じなくなります。そこで，「1.8 を 360 としたときに，1 にあたる大きさを求める」と，意味を拡張する必要が出てきます。

計算の仕方は，わり算の性質を活用することで，子ども自身が考えられるようにすることが重要です。そのためには子どもが 2 量に比例関係が内在していることを見いだし，小数を整数に直して計算する方法に焦点化して考えていくことがポイントになります。

つまずき指導

対応数直線を活用して，意味を問う

　除法の意味は，対応数直線で比例関係を使って明らかにしていきます。そして，整数に直して計算するアイデアを引き出しながら，計算の仕方を考えていきます。

　例えば，次のような問題場面を提示します。

> 1.8mで360円のリボンがあります。
> このリボン1mの値段を求めましょう。

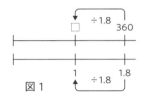
図1

　まず，図1のように対応関係を整理します。その上で「長さ1.8mを÷1.8すると1mになるので，値段360円も÷1.8すれば答えが求められる」のように，比例関係を基に360÷1.8という式で解決できることを確認します。

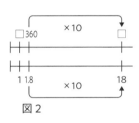
図2

　次に計算の仕方を考えていきます。「1.8を10倍して18にする」という考えが出たところで，長さを10倍することや18の意味を問い返し，図2のように整理します。18mは3600円だと明らかにしたところで，「これで1mの長さを求めることができるか」と問います。子どもは比例関係を基にして，図3のように3600÷18をすると1mあたりの値段を求めることができると考えます。

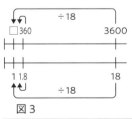
図3

　このような過程を経て，改めて被除数と除数に同じ数をかけたとき商は変わらないというわり算の性質の理解を深め，整数に直して計算する仕方を考えることができます。

5年 分数のたし算とひき算
分数の加減計算の仕方が分からない

なぜつまずくのか

$\frac{1}{2}+\frac{2}{3}=\frac{3}{5}$ のように計算する子どもがいます。2つの数で構成される分数の特性上，なんとか計算しようとした結果，分母＋分母，分子＋分子のようにそれぞれの数をたすということを考えます。

通分して（分母を揃えて）計算することを教えれば，子どもは正しく答えを求めることはできるでしょう。しかし，計算の仕方を考える力は育ちません。上のような子どもの考え方をきっかけとして，なぜ分母はたさないのか，なぜ分母を揃えるのかについて考えることが重要です。

内容のポイント

分数の加減指導では，分数が「量を表す」ことを理解させるのが重要です。同分母の計算では，分母が単位を表し，分子がその単位のいくつ分かを示すため，分子だけで加減が可能であることを具体的な例や図を用いて説明します。異分母の計算では，「単位を揃える」必要性を理解させる指導が欠かせません。異なる単位のままでは計算できないことを示し，分母を揃える操作の意味を，具体例を通じて実感させます。また，同分母の計算を振り返り，「なぜ分母はたさないのか」を考えることで，単位を揃えていることを自覚的に捉えることができます。

形式的に通分をして計算するのではなく，通分することによって単位分数の個数に着目して考えることが大切です。これは，単位を揃えて計算するという加法や減法の計算の基本になる考え方です。

つまずき指導

図にかき，単位を揃えることに着目させる

2つのコップに$\frac{1}{2}$Lと$\frac{1}{3}$Lのジュースが入っている場面を提示し，それを合わせた図も一緒にかかせます。

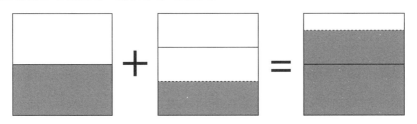

こうすると，きっと子どもは，合わせた図は何Lといったらよいか悩むでしょう。そこで「$\frac{1}{2}$Lや$\frac{1}{3}$Lは分かるのに，なぜ合わせると分からなくなるんだろう」と理由を問います。すると，等分されていないことや1つ分が分からないことを理由に挙げるでしょう。

こうして問題が焦点化されていき，「1つ分を揃えるにはどうしたらよいだろう」と追究を深めることができます。そして，それを乗り越えるために「分数は同じ大きさでも別の形で表現できる」という分数の特徴を使うことができます。これが通分につながるわけです。

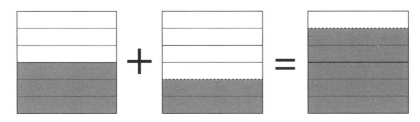

単位を揃えることで解決ができたら，「ジュースの量が変わっても，単位を揃えれば計算できるかな」と発展的に考察することを促します。単位を揃えるという基本になる考え方を働かせることで，分数の計算について深く理解することが期待できます。

⑥⑥

┌─ 直方体や立方体の体積 ─┐

5年

1cm³＝1mL が分からない

なぜつまずくのか

　子どもたちが mL に初めて出合うのは 2 年生のときです。mL は，水などの「かさ」を量ることに使われる単位です。一方，cm³ に初めて出合うのは，5 年生の「体積」の学習です。その際，教科書には「かさのことを体積という」と示されています。つまり，mL と cm³，体積を表す単位を子どもたちは 2 種類知ることになるのです。

　1cm³＝1mL であるにもかかわらず，それまでの学習内容から，「液体のかさ（入れ物の容積）の単位は mL」「直方体の体積の単位は cm³」といった勘違いをしてしまっている子どもも見られます。それらが何を表している単位なのか，理解が不十分であることが，つまずきの要因の一つであると考えられます。

内容のポイント

　体積の単位 cm³ は，長さの単位 cm から組み立てられ，つくられたものです。1cm³ は一辺が 1cm の長さの立方体であり，単位体積とも呼ばれます。この 1cm³ を単位とすることで，直方体の体積であれば，縦，横，高さのそれぞれに何個ずつ並ぶかを考えることで，体積が分かります。辺の長さを基に，直方体の体積を考える上で非常に便利な単位です。

　一方，mL を学習する際は，1L＝1000mL のように，「1L」（あるいは dL）の方を基にして導入されることが多く，「1mL のいくつ分」と考える場面はほとんどありません。1cm³ も 1mL も，それぞれの体積の大きさを実感をもって理解できるようにすることが大切です。

160

つまずき指導

1☞ まずは mL と cm³ の関係について，問いをもつ

　給食の牛乳パックやペットボトルを持ってきて，その中に入っている液体の量がどのくらいだと思うか，子どもたちに尋ねてみましょう。日常生活の経験から，自然と「mL」で答える子どもも多いはずです。一方，体積の学習をしている最中なので，「cm³」で答えようとする子どももいるでしょう。そうすることで，mL と cm³，体積の単位は2つあることを改めて意識し，その関係に目を向けることができます。

　そもそも 1mL とはどのくらいの量なのか，何 cm³ くらいなのか，子どもたちに問いが生まれて初めて，「1cm³ = 1mL」は子どもにとって価値ある情報となります。

2☞ ブロックで 1mL の量感をつかむ

　前述した通り，子どもたちは 1mL に関して，ほとんど量感をつかめていない可能性があります。だとすると，1mL がどういう量なのか，子どもたちが実感をもって理解できるようにする場が必要です。

　そこで，体積の導入時によく用いる 1cm³（一辺 1cm の立方体）のブロックを使って，1mL の量を視覚的に理解できるようにします。その上で，「1cm³ ブロックを用いて 200mL のジュースの量を再現する」など，ブロックを操作して量をつくる活動をしてみましょう。言葉で「1cm³ = 1mL」と教えられるよりも，「1cm³ = 1mL」を自分で使って問題解決する方が，子どもにとって印象深く，「使える」知識となります。ついでに，子どもたちも忘れがちな L，dL，mL の関係も，活動の中で復習し，cm³ で表せるようにするとよいでしょう。

67

5年 ─合同な図形─

対応する辺や角が捉えられない

なぜつまずくのか

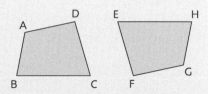

　右のような2つの合同な図形があって，角Aと角Fが対応すると考えた子どもがいたとします。この2つの図形は，回転移動するとぴったりと重ねることができ，実際に角Aと重なるのは角Gです。この場合，子どもは，頭の中で図形を回転させて考えることにつまずいていると考えられます。

　次に，この2つの図形ではどうでしょう。

　角Aと重なるのは，角Jです。これらの図形は，回転移動だけ

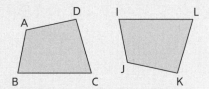

でなく，図形を裏返すという動きも加えられています。先ほどの問題はできて，この問題につまずく場合は，頭の中で図形を裏返して考えることにつまずいていると考えられます。

内容のポイント

　対応する辺や角を見抜くには，図形を頭の中で動かしたり（平行移動），回転させたり（回転移動），裏返したり（対称移動）することが必要です。直接図形を扱わなくても，頭の中でイメージし，動かす（思考する）活動を念頭操作と言います。繰り返し実物の図形を操作しているうちに，頭の中でその操作を再現できるようになっていきます。

つまずき指導

1. 「対応する角はどこでしょうクイズ」作成

　念頭操作ができるようになるためには，実際の図形を繰り返し操作することが大切ですが，操作活動の経験値は子どもによって差があります。経験豊富な子どもは難なく対応する辺を見抜きますが，苦手な子どもは最初はどう考えたらいいのか分かりません。

　操作活動の経験の少なさをカバーするための活動として，対応する辺や角を当てるクイズをつくってみましょう。2つの合同な図形を配布し，それを回転させたり裏返したりして，どのように提示したら，対応する辺や角が一番「分かりにくく」なるかを試していきます。自分がクイズをつくったり，友達のクイズを解いたりする中で，対応する辺や角を見抜けるようになっていきます。

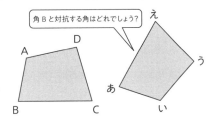

2. どの頂点がどこに重なるかを書き込む

　苦手な子どもの中には，頭の中で図形を操作しながら，問題を解く（対応する辺や角に関する問いに答える）ことに難しさを感じる子どももいます。そういう場合には，まずは念頭操作で図形のどの頂点がどこに重なるかを考えて，先に重なる頂点を書き込むようにしましょう。

　小さな技術ですが，こうすることで，思考が整理されて，問題にしっかり向き合えることもあります。

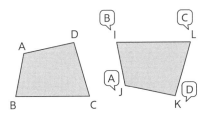

68 5年 ─四角形と三角形の面積─
面積を求めるとき，図形の高さが分からない

なぜつまずくのか

　三角形の面積を求めるとき，子どもたちは，公式を利用するために，底辺と高さを見つけようとします。しかし，底辺が分かっても，高さがどこにあるのか見えずに面積を求めることができない子どもがいます。特に，高さが底辺の外側にある場合（㋐）や斜辺を底辺ととる場合（㋑）は多くの子どもがつまずいています。何とか面積を求めようとして，三角形の一辺を高さとして計算をしている子どもも見かけます。「高さ」の概念をきちんと理解できていないが故につまずいているのです。

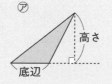

内容のポイント

　「高さ」の概念を理解するためには，図形の中に「平行と垂直の関係」を見いだすことが大切です。「高さ」とは，「1つの辺を底辺としたとき，それと平行な直線との間に垂直にかいた直線の長さ（三角形の頂点を含む）」のことです。つまり，「高さ」を扱う際には，平行と垂直の関係に着目して，対象の図形を捉えることが必要なのです。

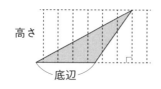

つまずき指導

1. 3種類の三角形の面積を比べる

　三角形の公式について学んだ後，直角三角形と高さが底辺の内と外にある三角形を図のように提示し，「どの三角形の面積が求めやすいですか？」と尋ねます。このとき，底辺の長さだけ伝えますが，高さは伝えません（底辺の長さも高さも揃えておきます）。

　高さが与えられていないので，子どもは高さがどこ

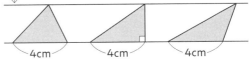

かを考え始めます。直角三角形は，直角があるため，底辺と高さの関係にすぐに着目でき，高さを簡単に見つけることができます。他の三角形についても直角三角形と同様，底辺と垂直に交わる直線を探すよう促します。すると，次第に平行線Ⓐが見えてきます。このように，底辺に対して平行な直線が見えてくると，高さがはっきりと見えます。

2. 高さを選ぶ問題場面にする

　右のように三角形を提示し，「面積を求めるためには，㋐，㋑，㋒のどの長さが知りたいですか？」と尋ねます。

　子どもは，真っ先に㋐を選び，㋑は違うと判断します。底辺に対して垂直な直線かどうかを見ているのです。そこで，「では，㋒は高さにはならないですね？」と問い返すと，「でも底辺に垂直に交わっているし，㋐と長さも同じだよ」と㋒のような直線も高さとして認め始めます。

　すると，他の高さや平行線Ⓑが見えてくるため，子どもの「高さ」の概念の獲得につなげることができます。

四角形と三角形の面積

5年 図形の変形ができない

なぜつまずくのか

　図形の面積を求める過程において，分ける，増やす，移動するといった方法で図形を変形する場面が多くあります。その際，「図形に線を引いて分けてみよう」「分けた図形を移動させてみよう」などと，子どもたちに図形の変形を促すように伝えることがあります。
　しかし，いつもこのように教師から伝えていては，子どもは何のために線を引いて分けたり，移動したりするのか，目的のないまま活動することになります。これでは，自ら図形を変形しようとはしないでしょう。また，図形を変形する経験の少なさから，図形の変形ができずにつまずいていることも考えられます。

内容のポイント

　図形の面積を求めたり，その公式をつくり出したりする過程で，図形の変形は必要なアイデアです。図形の変形の目的は，既習の求積可能な図形をつくることです。既習の求積可能な図形に変形できれば，求積が未習の図形も面積を求めることができます。子どもが，既習の求積可能な図形を基に，様々な図形の面積の求め方を考えていけるようにすることが大切です。このように，図形の変形の目的をはっきりさせることが，子ども自ら図形を変形しようとすることにつながります。
　また，目的をもって図形を変形させたくても，変形できずにいる場合には，パズルや図形の敷き詰めなどの，経験を補う活動によって，子どもから図形に働きかける機会をつくるとよいでしょう。

つまずき指導

1️⃣ 図形を隠して，想像させる

図形の一部を隠した右の図を子どもたちに提示し，「どんな形だったら面積を求められそう？」と問います。子どもは，必然的に既習の

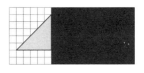

求積可能な図形を想像します。子どもから出された図形（下図）に対して，「どうしてその形だったら求められると思ったの？」と問い返すと，「分けて移動すると正方形になる！（㋐）」「長方形の半分になる！（㋑）」と，既習の求積可能な図形に変形して考えます。

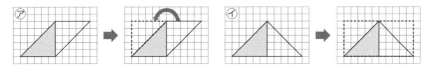

2️⃣ 9マスパズル

「9マスパズル」とは，同じ大きさの正方形9枚を並べ替えるパズル遊びです。手を動かしながら図形の構成や分解に繰り返し取り組むことで，図形を変形する経験を補うことができます。

【遊び方】
・9枚の正方形の色板でつくった様々な形を縦3枚×横3枚の整った形（元の形と呼ぶ）に戻したり，そこから教師が提示した形にしたりする。
・できるだけ少ない回数で変形する。なお，辺同士がくっついていれば同時に何マス動かしてもよい。

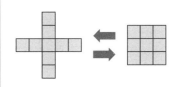

問題（例）　　　元の形

目的をもって，図形を分けたり，移動したりして等積変形の考えを扱うことができます。常時活動として取り組むとさらに効果的です。

70 5年 ― 四角形と三角形の面積

面積の公式を覚えられない

なぜつまずくのか

　平行四辺形，三角形，台形など，5年生では図形の面積を求めるためのたくさんの公式が出てきます。その一つ一つを覚えるのは大変です。中には公式だけを丸暗記する子どももいるかもしれません。しかし，そうした子どもたちの多くは，6年生になったときに公式を忘れてしまっています。意味理解が伴っていないからです。

　例えば，「三角形の公式は，最後に÷2がいるんだっけ？」と悩む子どもがいたとします。もしその子が，右写真のような考え方を理解していたら，「三角形は平行四辺形を半分にしたんだから，÷2をするんだったよね」と気付くことができるでしょう。どうやってその公式がつくられたのかという文脈が，子どもの中に残っているかどうかが大切になります。

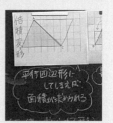

内容のポイント

　4年生で学習した長方形や正方形の面積は，単位面積（1cm^2）を定めて，その「いくつ分か」で面積を求めます。長方形の面積が1cm^{2}の「いくつ分か」を数えるために，「縦×横」が公式とされていました。

　それに対して，5年生では三角形など，単位のいくつ分が見えない図形を扱います。ここでは，長方形などの「既習の求積が可能な図形」に変形して考えることが重要です。そして，その求め方を基に，底辺や高さと面積との関係を捉え，公式をつくっていきます。

つまずき指導

1 「どんな形にも使える」公式をつくる

　例えば三角形の公式をつくるとき，まずは子どもたちが自由に三角形の面積の求め方を考えることはとても大切です。しかし，たくさん求め方が出てそれで終わり，では意味がありません。その求め方はいつも使えるとは限らないからです。子どもたちがその求め方が「どんな三角形にも使えるか」という意識をもって学習することが大切です。

　例えば，三角形を倍積変形（2つ合わせて平行四辺形に）する考え方で面積を求めた場合，その考
え方がどんな三角形にも使えるか，いろいろな三角形をかいて，確かめてみましょう。自分が生み出した求め方ではなかったとしても，こうして使う中で，全員がその意味を理解できるようになっていきます。

　また，確かめる中で，面積を求めるためにどこの長さが必要なのかも見えてきます。すぐに公式化するのではなく，活動の中で求め方を理解することで，公式の意味を理解できるようになっていきます。

2 三角形も台形も求め方は「同じ」

　公式がたくさんあることで，一つ一つ覚えるのが大変だと感じる子どももいるでしょう。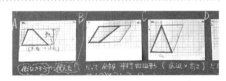

　しかし，実は台形も三角形も面積の求め方は同じです。例えば前述の倍積変形を用いれば，どちらも同じ，「平行四辺形をつくって，÷2」であることが分かります（三角形は上底が0cmの台形と考えます）。

　こうして求め方を比べることで，実は「同じ」なんだと統合的に考えることで，子どもの中で公式を整理しやすくなります。

⑦

5年 ―四角形と三角形の面積―
楔形などの面積を求められない

なぜつまずくのか

右図のような楔形や一般四角形の面積の求め方を考える場面です。面積の求め方が分からず困っている子どもは，何につまずいているのでしょう。

原因の一つとして考えられるのは，「面積を求めるために必要な構成要素が見えていない」という点です。右のように図形を提示された場合，まず目につくのは図形の4つの辺の長さでしょう。しかし，これらの図形の面積は，辺の長さだけでは求めることができません。面積を求めるために必要な構成要素（底辺や高さ）が見えない，あるいは見ようとしていないことが，つまずきの原因と言えるでしょう。

内容のポイント

この題材の特徴は，上述の通り，面積を求めるための構成要素が見えにくいことです。例えば，楔形は，右図のように2つの三角形に分割し，それぞれの底辺や高さを捉えることで面積を求めることができます。

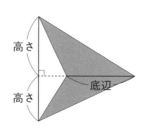

「既習の求積可能な図形に変形して考えること」の大切さを再度確認できることに加え，「面積を求める際には，何が分かればいいか（どの構成要素が必要か）」を問い直す教材であると言えます。

つまずき指導

1 ☞ 「マス目あり」の提示と「マス目なし」の提示を使い分ける

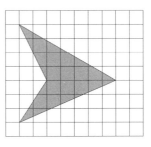

　図形を提示する際，マス目（方眼）上に示す方法と，マス目がない状態で示す方法があります。例えば右図のように「マス目あり」で提示した場合，楔形の底辺や高さなど，必要な構成要素に着目しやすくなります。一方で，左頁の図のように「マス目なし」の場合は，必要な構成要素の長さは見えにくくなります。

　図形の面積の学習では，この２つの提示の仕方とその効果を教師が理解し，効果的に使い分けることが大切です。必要な構成要素に着目することに課題がある場合は，「マス目なし」と「マス目あり」の両方で図形を示し，面積の求め方について「どちらが考えやすいか」を比べることで，必要な構成要素を意識できるようにすることも効果的です。

2 ☞ 図形を「動的」に見せる

　下の図のように，底辺や高さを変えない状態で，図形を変化させながら見せる方法です（図の中の点 A，B が右に移動していくイメージです）。子どもたちに，「どの図形が一番面積が大きくなるか」尋ねてみましょう。子どもたちは，３つの図形の中に，変わらないもの（底辺，高さ）を見いだすはずです。形は違いますが求め方は同じ。

　こうして仕組みが同じ複数の問題を同時に扱うことで，一つの問題の考え方が分かると，他の問題も自分で解いたり，説明したりできるようになります。

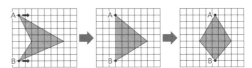

㉒ 5年 ― 四角形と三角形の面積

複合図形を求められない

なぜつまずくのか

四角形の面積を求める際に，これまで学習した公式が使えずにつまずいている子どもがいます。その理由を聞いてみると，「ただの四角形の面積の公式は習っていないから」と返ってきます。公式があれば，きっと長さの数値を当てはめて計算しようと考えているのでしょう。面積の学習が，公式に長さの数値を当てはめて計算する学習となっていることが考えられます。

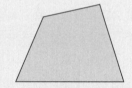

「ただの四角形」も既習の図形の面積の求め方を活用すれば，面積を求めることができます。そのことに気付けず，学習した面積の公式が活用できないのです。

内容のポイント

面積の求め方を学習していない図形に出合ったときに，これまでに学習した図形の面積の求め方を基に考えることが大切です。つまり，子どもたちが様々な図形の面積を求める際に，既習の求積可能な図形を見ること，そして，学習した面積の公式を活用することができるようにします。そのためには，子どもが「知っている図形に分けられないかな」と，既習の図形を見ようとしたり，線を引くなどの工夫をしたくなったりする学習を仕組むとよいでしょう。

面積の求め方を学習していない図形に出合ったときに，これまで学習した図形の面積の求め方が使えないかと考える態度を育みたいものです。

つまずき指導

1 見えた形の面積は？

　二等辺三角形を敷き詰めた形を提示し，「何cm^2ですか？」と問います。子どもたちの，「いろいろな形があるけれど，どの形を求めればいいの？」という発言をきっかけに，子どもに見えた形の面積を求める活動を仕組みます。様々な大きさの三角形や平行四辺形，台形が見えてきます。1つの三角形の面積のいくつ分かで考えたり，底辺や高さ，上底，下底などの構成要素の長さを基に既習の公式を活用したりして面積を求めます。

　図形の中に，既習の求積可能な図形を多様に見たり，見えた図形の構成要素に着目して公式を活用したりすることができます。

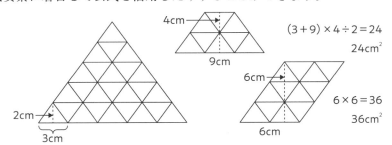

2 求積に必要な部分の長さを考える

　図のような四角形を提示し，「どこの長さが分かれば面積を求めることができますか？」と問います。三角形2つや三角形と台形，三角形と長方形など，子どもが見た図形によって，求積に必要な部分の長さが変わってきます。その長さを測り，多様な見方で面積を求める学習が，既習の図形を見ようとしたり，線を引いたりする態度を引き出します。

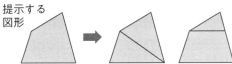

73 5年 正多角形と円

円周率（3.14）の理解ができない

なぜつまずくのか

　円周率とは，円周の長さが直径の長さの何倍かを表す数（割合）です。しかし，そう教えられただけでは，多くの子どもは何のことか分からないでしょう。円周の長さと直径の長さの関係に目を向けて，そこに一定の決まりがあるのではないかと考えたり，実際に円周の長さを測定してそれを確かめたりすることが大切です。

　こういった体験や活動が十分ではない場合，子どもは円周率について，「円周率は3.14である」と丸暗記するだけになってしまうことがあります。そしてその場合，子どもたちは「円周＝直径×円周率（3.14）」という公式だけを覚えて，意味の分からない数値を使って計算をし続けることになってしまうでしょう。

内容のポイント

　円周率の意味を捉えるには，いろいろな大きさの具体物（円や円柱）の円周を測定する活動が重要です。しかしこのとき，子どもが「円周の長さと直径の長さの関係」に目を向けていなければ，「活動あって学びなし」になってしまいます。

　例えば「直径の長さを変えると，円周の長さはどう変わるか」について問いをもった状態で上述の活動を行えば，子どもたちはいつも円周が直径の約3倍になることに気付き，円周率の意味を捉えていくでしょう。

つまずき指導

1☞ 作図で半径，直径と円周を意識する

　円の大きさを決めるのは半径です。しかし，円の構成要素である直径や半径は，円を見ただけではなかなか意識ができません。そこで，直径や半径を意識できるように，円の作図を取り入れてみましょう。

　例えば「円周が●cmになるような円をかく」という活動をする場合，子どもたちは半径の長さを変えながらいろいろな大きさの円をかき，ひも等を用いてその円周の長さを測定していきます。その際，「直径（半径）を何cmにしたら円周が何cmになったか」というデータを黒板に書いて集めてみましょう（円周の長さは測定ミスや誤差も多いので，先生の補助が必要になる子どももいるかもしれません）。

　子どもたちは集まったデータから，円周の長さに対する直径の長さがいつも3倍くらいになっていることに気付けるでしょう。

2☞ 正六角形や正方形の「周率」から，円周率の意味を捉える

　図形のまわりの長さと直径の長さの割合が一定になるのは，円だけではありません。例えば，円に内接する正六角形なら，まわりの長さは直径の3倍。円に外接する正方形なら4倍といった具合に，きれいな整数になるものもあります。これらの図形は，既習の知識で何倍かが分かるため，測定の時間はかかりません。

　これらの図形を先に扱った上で，「では，円周の長さは直径の長さの何倍になるのか」を追究してみましょう。円だけを扱うよりも深く，円周率の意味を捉えられます。

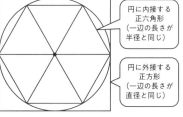
円に内接する正六角形（一辺の長さが半径と同じ）
円に外接する正方形（一辺の長さが直径と同じ）

⑭

5年 ―単位量あたりの大きさ―
秒速・分速・時速の変換ができない①

なぜつまずくのか

　秒速，分速，時速を変換する際のつまずきについて考えていきます。
　例えば秒速5mを分速に変換する際，子どもたちはどのように思考しているのでしょう。その一例を下に示します（番号は図と対応しています）。

①秒速5mというのは，1秒間で5m進む速さである。
②分速を出すのだから，1分間に何m進むかが分かればよい。
③1分間＝60秒間である。
④つまり，時間は60倍になっている。
⑤時間と進む道のりは比例するのだから，進む道のりも60倍になる。
⑥5×60＝300　で，300m

1分間で300m進む速さなので，分速300mである。

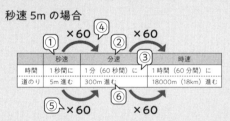

　①～⑥のそれぞれに子どもたちのつまずきがあると想定すると，①②は「速さの用語の理解」，③は「単位変換の知識（既習）」，④⑤⑥は「比例関係を捉える」ことにつまずきがあると考えられます。

内容のポイント

　時速が「1時間あたりに進む道のり」で表されるように,「速さ」を表すには,「道のり」と「時間」という2種の量が必要です。そのため,単位変換をする際には,「道のり」（長さ）と「時間」, 2つの単位の変換の知識が定着していることが求められます。また,「時間」が60倍されると, 進む「道のり」も60倍されるという比例関係を捉えていることがとても大切です。

つまずき指導

1 問題文を言い換える

　左頁の①②「速さの用語の理解」に課題がある場合は, 秒速, 分速, 時速の用語を, 自分がイメージできる言葉に言い換えるようにしましょう。「秒速4mで走るマラソンランナーと分速300mで走る自転車」を比較する問題であれば「1秒間に4m進むマラソンランナーと1分間（60秒間）に300メートル進む自転車」と言い換えます。難しいときには問題文に書き込んだり, 書き換えたりしてから考えてもよいでしょう。

2 比例の表を意識する

　左頁の④⑤⑥の「比例関係を捉える」ことに課題がある場合は, 前述の表のように時間と道のりを分けて提示するなどして, 何と何が比例しているのかを視覚的に分かりやすいよう示して考えてみましょう。練習問題に取り組む前に,「なぜ60をかけたり, 60でわったりしているのか」を子どもが納得して意味理解する時間を大切にしたいものです。

㊡

5年

単位量あたりの大きさ

秒速・分速・時速の変換ができない②

なぜつまずくのか

「分速300mで移動できるトロッコがあります。このトロッコは，1時間でどれくらい進むでしょうか」といった問題を扱うと，「300×10」「300×100」という式を立てて考えてしまう子がいます。

これは，1時間を1分の10倍，もしくは100倍だと捉えてしまっているために陥る典型的なつまずきの一つです。

なぜ，このように捉えてしまうのかというと，子どもがそれまで学習した他の単位が，「1cmが10mm」「1Lが1000mL」というように，十進法で表されるものだったからです。その結果，「時間」についても，これらの単位と同じように十進法で考えてしまいやすいというわけです。

実際には，1時間は1分の60倍，つまり進む距離も300mの60倍の18kmになります。このように，時間というものが「60進法」で表されていることが，つまずく大きな要因となっているのです。

内容のポイント

「速さ」というのは「時間」と「距離」の二量関係で表されます。ところが，二量のうち一方の「時間」は60進法，もう一方の「距離」は十進法で表されるものであることに混乱の要因があります。

こういったことから，単位変換をする際，時間と距離では単位変換の仕方が全く違うということに，子どもがどれだけ意識的に取り組めるようにしていけるかが，ここでの重要なポイントとなるのです。

つまずき指導

1. 「単位変換ババ抜き」で,「時間」の変換に慣れさせる

　まず,「時間」特有の60進法の変換について慣れさせておくことが大切になります。そのためには, ゲーム的な活動に取り組ませるのも一つの手です。「単位変換ババ抜き」は, ゲームで使うカード自体を子どもたちにつくらせることから始めます。

　例えば,「1時間」と「60分」,「30秒」と「0.5分」のように, 同じ時間を表しているけれど単位は違うというペアを, 自分たちでたくさん見つけてカードを作成していきます。その後, これを使って「同じ時間のものが揃ったら捨てる」というルールで, 通常のトランプのババ抜きのように行っていくのです。「同じ時間」であるペアに気付けなければカードを捨て損ねてしまうので, ゲームに勝つために子どもたちはとてもよく考えるようになります。慣れてきたら, より難しいカードのペアをつくり, カードを増やしていくのもおすすめです。

2. 単位を混ぜた問題を扱う

　「秒速25mで走る車に乗って5km先の店に行きます。店に着くまでには, およそ何分かかるでしょうか」

　この問題は, 速さは「秒速○m」, 進む距離は「km」, 答えは「分」となっており, 単位が混ざっているため大変難易度の高い問題です。

　しかし, その分, これまで学んできたことを振り返りながら, 単位変換について再確認していく場をつくることができます。難しいから扱わないではなく, 難しいからこそ, もう一度学びを振り返る場をつくることができると考え, 積極的に授業に取り入れていくとよいでしょう。

⑯

単位量あたりの大きさ

5年

混み具合の比較ができない

なぜつまずくのか

「A：6m² の部屋に 5 人」と「B：5m² の部屋に 4 人」の 2 つの部屋の混み具合を比べる際，A：6÷5＝1.2，B：5÷4＝1.25 という計算を基に，B の方が混んでいると判断する子が多く現れます。これは，計算結果の数値が大きい方が「混んでいる」と捉えてしまうことによって引き起こされるつまずきです。

こういったつまずきを見ると，計算の結果，導き出された数値が「何を表しているのか」という意味に，子どもが十分に意識を向けていない実態が見えてきます。

つまり，「何のために人数を『1』に揃えたのか」「何のためにわり算をしたのか」といったことを十分に理解しないままに，形式的に計算処理をしてしまっているのです。

内容のポイント

「単位量あたりの大きさ」の学習では，二量関係で表される量を比較するという，難しい概念を扱っています。これまでは，「10kg と 15kg」のように，ひき算を使えば比較できる量を扱っていました。しかし，ここではどちらか一方の量を揃えて比べる必要が出てきます。

ですから，まずは，こういった「どちらかの量を揃える必要感（なぜ，1 に揃えるのか）」を全体で共有していくことが大切になります。

その上で，式の意味に何度も立ち返りながら学習を進めていくことが重要なポイントとなるのです。

180

つまずき指導

1. 2つの比較の仕方を検討し，図に表す

まず，「計算式そのものの意味や各数値が表しているもの」について考えることを大切にした学習を展開していくために，①人数÷面積，②面積÷人数のどちらの考え方も並列に扱っていきます。そして，「数値が大きい方と小さい方のどちらが混んでいると言えるのか」について，話題を焦点化して話し合っていきます。

また，このとき，最終的に求められた数値が表す意味を右図のように表す場をつくると，理解がより深まっていきます。人口密度は①人数÷面積で表す（数値の大きい方が混んでいる）ことも確認していくとよいでしょう。

2. 「〜具合」づくりをする

世の中には「〜具合」といった二量関係で表す量が多く存在しますが，こういった量をオリジナルでつくる場を設定するのも効果的です。もちろん，これは存在しない架空の量です。

例えば「漢字の覚え具合」。これを，どんな二量関係で表すのかといったことを遊び感覚で考えていくのです。もし，「ア：個数」と「イ：時間」の関係で表すとしたなら，ア÷イ，イ÷アの式によって導き出される結果が何を表しているかについて検討していきます。

こうしたことを，楽しみながら繰り返していくことで，式が表す意味や，計算した結果，導き出された数値の意味をどの子も捉えられるようになっていきます。

⑦⑦

> 5年 ―単位量あたりの大きさ―
> # 速さの計算ができない

なぜつまずくのか

　速さの学習では，目的に合わせて「速さ」「時間」「道のり」という3つの量を求めたり，その結果を比較したりします。

　このとき，「公式は何だっけ……」「道のり÷時間？」「時間÷道のり？」「は・じ・きの図はどの順にかくのだったかな……」といったように，公式などを忘れてしまったために立式できないといった姿が見られることがあります。

　これは，速さが時間と道のりの関係で表されることを十分に理解できていないことにより，つまずいていると考えられます。結果，暗記した公式に頼らなければ計算することができないのです。

内容のポイント

　この学習では，「速さ」というものが時間と道のりの関係で表されることの理解をどれだけ深められるかがポイントとなります。

　形式的に公式や右下のようなツールだけに頼っていると，これを忘れたときにはどうすることもできなくなります。

　ですから，ここの学習ではむしろ，「しっかりと意味を理解していれば，公式はいつでも自分でつくり出すことができるものなのだ」ということを体験的に学び取っていけるようにすることが重要です。

　こうした考え方は，この先の算数・数学においてとても大切なものとなりますので，本単元を通じて育てていきたいものです。

つまずき指導

公式化を目的に設定し，式の意味を繰り返し確認する

　ここでは，「速さ」を求める計算ができることを一番の目的に置くのではなく，「公式化」自体を一番の目的としていきます。そこで，「いつでも速さをすぐに比較できるように，公式をつくっておこう」といった目標を設定した上で，速さの比較問題に取り組ませていきます。

　子どもたちは前時までの「混み具合」の学習により，二量関係で表される量を比較する場合には，「どちらか一方の量を1に揃えることで比べやすくなること」を，学びとして積み上げてきています。

　ここの速さの学習では，時間と道のりの関係について数直線に表すなどして，再度この単位量あたりの考え方について振り返っていきます。

　その上で，「どちらを1に揃えても比べられるけれど，どっちの方が分かりやすいかな？」と問い，前時までの学習を想起させていきます。これにより，「時間を1に揃える方が速さを捉えやすいこと（数値が大きいほど速いから）」を全体で共有していくのです。

　こうしたプロセスを丁寧に扱った上で，改めて「どのように公式として表せるか」を問うていきます。そして，時間を1に揃えることは「時間でわること」とであり，「速さ＝道のり÷時間」という式に表すことができることを確認していきます。

　しばらくの間は，毎時間のように「道のり÷時間とは，何をしているという意味だっけ？」などと問い，その意味を繰り返し確認していくと，どの子も理解が深まっていくはずです。

― 割合 ―

5年 割合の比較ができない

なぜつまずくのか

例えば、次のような割合を表したテープ図において、黒い部分の長さの割合が一番大きいテープを選択させると、ウと回答する子どもたちがいます。

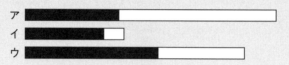

これは、これまで経験してきた量の比較のイメージが強く、黒い部分の長さだけを比較してしまったと考えられます。

こういったつまずきは、「割合」の意味である全体と部分の関係を明確に捉えることができていないことにより起こります。

内容のポイント

割合というのは、「全体」に対して「部分」がどれくらいなのかを表したものであり、その具体的な中身である量とは切り離して考える必要があります。

つまり、「40%の人数」と言ったとき、それが「100人中40人」かもしれないし、「10人中4人」かもしれないということです。このように、割合の数値としては同じに見えてもそれが直接、量を表しているわけではないことを捉えられなければならないのです。

この違いを自覚できるようにしていくためには、量の比較場面と割合の比較場面の違いを相対的に見ていく場がとても大切になります。

つまずき指導

1 フラッシュ割合比較をする

　割合の比較が量の比較の場合と大きく違うことを感覚的にしっかりと捉えられるようにするために，先に示したような図をいくつも見せ，パッと見で判断する活動をゲーム感覚で繰り返し取り組ませていきます。

（A,Bどっちの割合が大きい？）

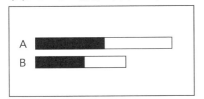 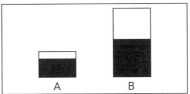

　これを繰り返すことで，次第に「部分」だけでなく，「全体」の大きさに着目する必要性を実感し，そこに目を向ける意識を高めていくことができるようになります。

2 混合問題を扱う

　上記のような活動以外に，以下のような割合と量の表現が混ざった比較場面を扱うことで，より理解を深めさせていくことができます。

> 60人の中で大人が18人の集団Aと，50人の中で大人が30％いる集団Bでは，どちらの集団の大人の人数の方が多いでしょうか。

　この問題では，18と30という数値を直接比較してしまう子や，そもそもどうやって比較してよいのか分からない子がいるはずです。
　「人数」に置き換える場合，「割合」に置き換える場合のそれぞれを丁寧に確認するとともに，量と割合の数値を直接比較することはできないことについて改めて確認していくことで，子どもたちの理解は大きく深まっていきます。

㊾

5年

── 割合 ──
基準量と比較量の判別が
できない

なぜつまずくのか

「50人中30人が子どもでした。子どもの人数の割合は全体の何％でしょうか」

このような「割合」そのものを求める問題は，練習問題を繰り返せば多くの子ができるようになるものです。しかし，内実としては，こうした問題を解く「手続き（やり方）」だけを覚えており，形式的に計算で処理をしてしまっている子どもが多くいます。

ですから，そうした子は，テストなどで「問題文の数値を組み合わせて解けばいい」「先に出てきた数を後に出てきた数でわればいい」といったように，問題文をよく読まずに解いてしまいます。

これは「基準量」「比較量」を明確に区別して捉えていないために，正しく問題場面を把握することにつまずいている状態と言えます。

内容のポイント

本単元では，単元を通して「基準量」と「比較量」が何なのかという概念をしっかりと形成しておくことが重要なポイントとなります。

たまに，「〜は」がついているのは比較量，「〜の」がついているのは基準量といったキーワード指導を見かけますが，これはご法度です。問題文の言い回しというのは，いくらでも変えることができるからです。

ですから，数直線などを使って「基準量とはどういうものか」「比較量というのは，何に対して比較した量なのか」など，具体的にその意味を捉えられるようにしていくことがとても大切です。

186

つまずき指導

基準量より比較量の方が大きい問題で「基準」について検討する

　先に示したような問題を経た後，次のような問題を扱っていきます。

　「定員が50人のパーティに，80人の応募がありました。定員に対する応募者の割合は何％でしょうか」

　ここでは，まず，割合を求めるには「比較量÷基準量」であることを再確認した上で，一人ひとりで立式までを考えさせた後，その式だけを取り上げていきます。

　すると，50÷80と80÷50という2つの式が出てきます。また，全体で検討する前に，自分なりに数直線をかかせてみるのもよいでしょう。きっと，右図のように，80を100％と見た図などが出てくるはずです。

　これらを取り上げた上で，50と80のどちらが「基準」なのかについて焦点化して話し合いを進めていきます。ただし，ここでは話し合いが停滞しやすいので，次の2つの視点から場面を見つめ直させることが大切です。

① 50人の場所から，80人の割合を見ようとしているのか，80人の場所から50人の割合を見ようとしているのか

② この場面での100％は，50人か80人か

　これにより，「定員（50人）に対する応募者（80人）の割合を知りたいのだから，基準量は50人の方だ」「定員ということは，これが100％で，それに対して応募者がどれくらいかを比べて見ている（比較量）ということなんだ」といったことが明らかになり，どの子も基準量と比較量を明確に捉えられるようになっていきます。

5年 ―割合― 比較量の比較ができない

なぜつまずくのか

「Aのジュースは果汁40%，Bのジュースは果汁が50%です。どちらのジュースの方が，果汁の量が多いでしょうか」

このような問題を提示すると，割合の数値だけに着目し，Bのジュースの方が果汁の量は多いと考える子がいます。

これは，「割合＝量」と捉えてしまったり，全体量がいつでも同じだと思い込んでしまったりすることで起こるつまずきです。

2つのジュースの全体量が同じであればBの方が果汁の量は多いという結論になりますが，もし，Aの方がBよりも全体量が多い場合は，結果が変わってくることもあることに気付けていないのです。

内容のポイント

割合の学習では，比較量を比べる際には割合だけでは判断できないこと，割合が示す実際の量は，基準量次第で変わってくることを理解することがとても重要なポイントとなります。

こういったことの理解を深めるためには，一見同じ割合であっても，基準量が違うと実際の量は大きく違ってくることなどを実感する経験の蓄積が必要となります。

ですから，形式的に割合の計算をできるようにしていくのではなく，それぞれの問題場面において，「その（比較量の）割合は，何を基準量としたときのものなのか」を明らかにしながら学習を進めていくことが大切になります。

つまずき指導

1. 全体量（基準量）が違う場面を比較する

「50人中子どもが60％いるAチームと，60人中子どもが50％のBチームがあります。どちらの方が子どもの人数は多いでしょうか」

まず，このような「基準量が違う」2つの対象における，比較量を比べる場面を扱っていきます。このとき，はじめから計算処理をさせるのではなく，まず，どちらのチームの方が子どもの数は多くなりそうかを「予想」させることがとても大切です。

すると，割合の数値だけに目を向ける子もいれば，「割合の数値はAチームの方が大きいけど，全体の人数がBチームの方が大きいから，50％と言っても，Aチームより多くなるかも」といったように，基準量の違いに目を向ける子どもが現れてくるはずです。

2. 線分図と数直線図を比較する

ここでは，言葉の説明だけではなかなか理解できない子が多くいます。そこで，線分図と数直線図を用いて確認していきます。

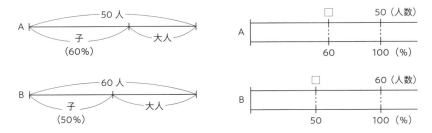

このように，線分図と数直線図を比較していくと，割合の数値と実際の量の違いが明確になっていくのです。

81

5年

割合

基準量を求められない

なぜつまずくのか

「あるイベントで，今年の来場者数は480人でした。これは，昨年の120%にあたります。昨年の来場者数は何人だったでしょうか」といった，基準量を求める問題があったとき，480×1.2のように，問題文にある数量と割合の数値を単純にかけ合わせてしまう間違いがよく起こります。これは，それまでに学習してきた比較量を求める計算の経験から，「問題文に出てくる数量に割合をかければ答えを求めることができるだろう」と短絡的に考えた結果，陥ってしまう典型的な誤答です。つまり，問題場面を十分に捉えておらず，基準量と比較量を把握することにつまずいていると考えられるのです。

内容のポイント

割合の単元では，他の項でも述べてきたように「基準量」と「比較量」，そして「どの割合の数値が何の量について表しているのか」を，常に明確に捉えていく必要があります。

これをせずに，ただ公式に当てはめて問題を解くことを繰り返すと，いつまで経っても割合の理解は深まっていきません。

ですから，「つまずく場」を大切にしながら，その度に，図や言葉，式とを結び付け，基準量や比較量，割合が表す数値の意味などに迫っていくことが重要なポイントとなります。問題文と図や式などを何度も行き来しながら，一つ一つの文言や数値と問題場面のイメージを結び付けて扱っていくことを大切にしたいものです。

つまずき指導

1. 2つの図を比較しながら問題文と照らし合わせる

先のような問題でつまずいている子というのは，比較量である480人を誤って基準量と捉えています。

そこでまずは，自分の捉えている通りに数直線図をかかせていきます。

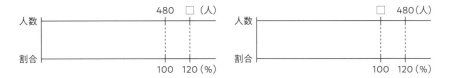

そして，子どもから出てくるこの2つの図を基に，480人を基準量・比較量のどちらで捉えるかによって，何が違ってくるのかを検討します。

また，問題文と照らし合わせながら，どちらが問題場面に合っているのかを丁寧に確認していくのです。

2. 同じ数量が比較量にも基準量にもなる場合を考える

さらに，次のような問題を扱うことで，基準量と比較量をより明確に捉えていく力をつけていくことができます。

「あるイベントで，今年の来場者数は480人でした。これは，昨年の120％にあたります。一方，来年の来場者数は少し減少し，今年の80％になると見込まれています。昨年の来場者数と，来年の見込みの来場者数は何人でしょうか」

これは，先に示した問題の，「今年の来場者数480人」が比較量にも基準量にもなる問題場面となっています。同じ数量であっても，比較量にも基準量にもなる場合を比べていくことにより，この2つの量の意味の違いがより深く納得されていきます。

5年 割合

割合を表す小数，歩合，百分率の変換ができない

なぜつまずくのか

「120人の2割の人数」を求めるのに120×0.02と立式してしまったり，「1800円の30%」を求めるのに1800×30や1800×3と立式してしまったりするなど，割合を表す小数と歩合，百分率の変換でつまずく姿というのは多く見られるつまずきです。

そもそも，「20%って0.2だっけ？0.02だっけ？」などと悩むことは，実は大人でも少なからずあります。

「全体を〜とみる」という見方は，小学生にとってはとても難易度が高いものです。ですから，状況によってそれを「1」「10」「100」と変換してみていくということは，その度に基準を変えることとなりますから，さらに難しいことなのです。

内容のポイント

本単元では，身の回りで用いられている割合の表現に着目し，「小数で表された割合は，歩合や百分率で表すことによって捉えやすくなること」「計算に用いる際は，割合を表す小数に置き換える必要があること」などを納得できるようにしていくことが大切です。

これにより，なぜ，歩合や百分率といった割合表現が身の回りに溢れているのかや，割合を表す小数を計算で用いることの意味を深く理解していくことができます。

こうしたことを把握した上で，状況や必要性に応じて割合表現を選択していく力をつけていくことが重要なポイントとなるのです。

つまずき指導

1. 割合神経衰弱

　割合を表す小数，歩合，百分率はそれぞれ，全体を「1」「10」「100」でみたときの表現の違いであることを理解するのはとても大切です。しかし，その都度「これは全体を何とみているのだっけ？」と考えていると労力や時間がかかり，ミスも多くなります。

　そこで，割合神経衰弱というゲームを使って，これら3つの割合表現について，同じ割合を表している表現がすぐに結び付くように，毎時間，授業開始の5分などを使って帯で扱っていきます。まず，「0.1」「1割」「10%」というように，同じ割合が書かれた数カードのセットを複数用意します。そして，このカードを使って神経衰弱（3枚揃えるというルール）を行います。慣れてきたら，より難しい割合のセットをつくってゲームの難易度を上げていくと，3つの割合表現が強く結び付いていくこととなり，より効果的になるでしょう。

2. 歩合や百分率で計算体験

　多くの子は，計算時に「"割合を表す小数"を用いる理由」を理解していないものです。そこで，あえて，歩合や百分率のまま計算すると，どういった式の意味になるのかについて考える場をつくっていきます。

　例えば，680円の80%の金額を求めるような問題で，680×80と表すと，この式はどういう意味になるのかを話し合うのです。

　ここで，「680円の80倍の金額を求める意味になっている」ことや，「そもそも680円が100%なのだから，それより少ない金額になるはずだ」といったことが全体で共有されていくことで，計算時には「0.8」を用いる意味がどの子にも明確に見えてきます。

㊸

5年 ―割合―

何％と何％引きの違いが分からない

なぜつまずくのか

「4000円の商品が30％引きの値段で売られています。この商品は何円で買えるでしょうか」

こうした問題に出合ったとき，正しい答えの2800円と答える子ども以外に，1200円と答える子どもが現れます。この1200円と解答した子どもは，4000×0.3，つまり4000円の30％の値段を求め，それを答えとしてしまっているのです。

こうしたつまずきを引き起こす理由は2つあります。1つは「何％」と「何％引き」の意味を混同してしまうということ。もう1つは，計算しているうちに何を求めるべきなのかという目的を見失うということです。

内容のポイント

ここでの内容の大切なポイントは，全体と部分，部分と部分の関係性をよく捉えるということにつきます。

次の図のように，今，求めているのはどちらの「部分」の量なのかを丁寧に捉えていくことで，場面の構造を理解していくことができるのです。

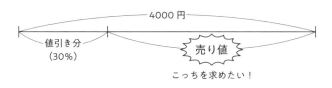

つまずき指導

1 👉 線分図で表し，部分量を相対的に捉える

　ここでは本来，数直線に表していくことが適切な場面となりますが，全体と部分，部分と部分の関係をシンプルに捉えやすくするために，まず，線分図で構造を確認していきます。

　すると，左頁の図のように，「30％の値段」と「30％引かれた後の値段」を比較して見る（相対的に見る）ことができるようになり，この2つの量が全体の4000円を構成していることが明確に捉えられます。

　また，こうした視覚的な捉えを基に，もう一度，問題文に立ち返ることがとても重要です。これにより，今，求めたいのはどちらの量なのかを話し合い，「求めようとしているのは"買う際の値段"だから，割り引かれた後の方だ」ということを全体で確認していくことができます。

2 👉 早押し値引きゲーム

　はじめのうちは，定価（4000円）の30％の値段を求め，定価からその分を差し引いて答えを求めても構いません。しかし，値引き前と値引き後の値段が，互いに全体を構成する部分と部分の関係であることを理解できたなら，「30％引きと言われたら70％分の値段を求めればいいんだ」といったことを瞬時に判断できるようにしていくことも大切です。

　そこで，簡単なゲームを授業に取り入れ，「○％分をひいた後の割合を求める」場面に慣れていけるようにするとよいでしょう。

　ルールはいたってシンプル。班で1人だけ出題者を決め，まず，出題者が「20％引きは？」のように問題を出し，これに他の子が「80％！」と解答するということをローテーションで行っていきます。

　慣れてきたなら，「35％引き」「42.5％引き」のように，難易度を上げていくのもおすすめです。これにより，理解がより深まっていきます。

⑭

6年

文字と式

文字の値を求められない

なぜつまずくのか

　この単元は子どもにとって，大人には気付きにくい難しさがあります。それは，まず x や a という文字そのものにあります。□を使う場合は，見た目からも空白部分というイメージをもちやすいので，どの子にとっても未知数であると認識しやすいのに対し，文字はそのイメージが湧きにくいのです。また英語表記になることで，専門的にと思う子もいます。これだけでより抵抗を感じてしまうのです。

　また，逆算を使って未知数を求めるということも難しいのです。3年生は，□に順に数を当てはめて解決する方法も紹介されています。これが6年生では，逆算という操作的側面を強めている点もつまずきを生む理由となっているのです。

内容のポイント

　文字を使う場合は，小学校の学習上では大きく2種類あります。①未知数を表すとき，②変数を表すときです。このほかに，$y=a \times x$ の a のようにある定数を示す場合に使う場合もあります。これらの文字を使う学習は，中学校での文字式や方程式につながっていきます。

　中学では，文字を使うことでより複雑な操作を行うようになっていくので，小学校段階では，その素地になる部分に触れていくことや，文字を使うよさを感じ取れる活動を取り入れていくことが重要になっていきます。

196

つまずき指導

1 👉 お話（問題場面）を図に表そう

「シールが何枚かあります。5枚もらったら，21枚になりました」

教科書上では，①まずxを使った式に，②xを求めよう，という流れが示されています。この①と②の間に図に表す時間を設けてみましょう。すぐに逆算の流れをつくる必要はないのです。大人は"移項"することを知っているので，＋5を右辺に移項して$x=21-5$などとすぐにしたくなってしまいますが，ぐっと我慢です。

右のような線分図をつくるわけですが，難しい場合は先生と一緒につくっていってもよいです。そして，図を見ながらxはどう求めればいいのか考えさせていくのです。この図では，21から5をひけばxが見えてくることが分かります。こういった問題を繰り返す中で，「問題はたし算の場面だけど，xを求めているのはひき算になっている」と逆算について自分で理解させていけばいいのです。

2 👉 数を順に入れてみよう

今度はかけ算の場面の場合です。上記と違い，かけ算の場面は図にすることがより難しくなります。ですので，例えば$x×3=18$という立式がされたときに，xに1から順に数を代入してみるという作業を取り入れてみます。実は，この作業は3年生でわり算を学んだときと同じ作業なのです。$18÷3$の答えを導くときに，$□×3=18$の□を順に調べていくことをしています。これと同じであることが分かれば，かけ算の逆算がわり算で求められることは理解できるでしょう。いずれにせよ，逆算という方法を急がせずに，これまで行ってきた学びに立ち返り，自然と気付き，身に付けさせていくイメージをもつことが大切です。

㊺

分数×整数

6年

計算の仕方を説明できない

なぜ つまずく のか

　初めて分数×整数の計算に出合った子どもは，「これ習っていない。どうやって計算するの？」と計算の仕方を求めるかもしれません。

　そのとき「$\frac{4}{5}$×3 は，分子の 4 に 3 をかけます。だから $\frac{(4×3)}{5}$ です」と教えてしまえば，子どもは計算できるようになります。しかし，なぜ分子にかけるのか，説明できるようにはなりません。未知の計算に出合ったときに，計算の仕方を自分で考える力は育たないのです。しかし，「自分で考えましょう」と子どもに任せるだけでは，考えることができない子どももたくさんいるでしょう。

　これまでに学習した，整数×整数や小数×整数の計算の仕方と同じように考えられないかと，焦点づけて考える場を整えることが大切です。

内容の ポイント

　子どもは，被乗数が整数や小数の計算の仕方について学習してきています。本単元は被乗数を分数に広げても，同じように計算の仕方を説明できることの自覚を促します。乗数が整数のとき，「1 袋に 5 個ずつ入ったあめの 4 袋分の個数」を，「5 個が 4 つ分」なので 5×4 と立式し，「5＋5＋5＋5」とその計算の仕方を説明してきています。同じように $\frac{4}{5}$ ×3 は「$\frac{4}{5}$ が 3 つ分」なので，「$\frac{4}{5}+\frac{4}{5}+\frac{4}{5}=\frac{4+4+4}{5}=\frac{4×3}{5}$」と説明できます。さらに単位分数に着目して，「$\frac{4}{5}$ は $\frac{1}{5}$ の 4 つ分」と考えれば，「$\frac{4}{5}$ ×3＝$(\frac{1}{5}×4)$×3＝$\frac{1}{5}$×$(4×3)$＝$\frac{4×3}{5}$」と計算できることを学びます。

198

つまずき指導

1. 面積図を使って考えよう

$\frac{4}{5} \times 3$ の計算の仕方の説明が式の操作だけでは難しいとき，下のような面積図と対応させながら説明させるとよいでしょう。そのとき，完成した面積図を示して説明するのではなく，過程を共有させることがポイントです。

まずは①「$\frac{4}{5}$」を図に表します。次に②単位分数の「$\frac{1}{5}$」が明らかにされ「$\frac{4}{5}$ は $\frac{1}{5}$ が 4 つ分」を説明します。③「$\frac{4}{5}$ が 3 つ分」と増えていきます。すると $\frac{1}{5}$ が 12（4×3）個分が見えやすくなります。この過程を $\frac{4}{5} \times 3 = \frac{1}{5} \times 4 \times 3 = \frac{4 \times 3}{5}$ と表すことができれば，このことはどんな分数×整数の計算も，「$\frac{b}{a} \times c = \frac{b \times c}{a}$」という式でまとめることができます。

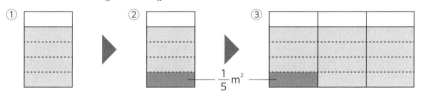

2. 数直線図を使って考えよう

対応数直線図を使って計算の仕方を考えることも有効でしょう。このときも，完成した図を示すのではなく，過程を共有していきます。

例えば，まず $\frac{4}{5}$ を明らかにして，その 3 倍がどこかを考えながら図に表していく中で，$\frac{4}{5} \times 3 = \frac{4}{5} + \frac{4}{5} + \frac{4}{5} = \frac{(4+4+4)}{5} = \frac{(4 \times 3)}{5}$ と計算の仕方を考えることができます。

86

6年 分数÷整数

わり切れないときに分からない

なぜつまずくのか

　整数や小数から分数に拡張したときに子どもが戸惑うのは，かけ算よりもわり算の計算の仕方を考えるときです。例えば，$\frac{4}{5} \div 2$ は，「$(\frac{1}{5} \times 4) \div 2 = \frac{1}{5} \times (4 \div 2) = \frac{4 \div 2}{5}$」と，かけ算のときと同じように計算の仕方を説明することができます。しかし，$\frac{4}{5} \div 3$ になると同じように計算できなくなります。「$(\frac{1}{5} \times 4) \div 3 = \frac{1}{5} \times (4 \div 3)$」となり，$4 \div 3$ がわり切れなくなるのです。これは，被除数を分数に広げたからこそ生じる問題です。この問題を解決するために，「分数は同じ大きさでも別の形で表現できる」という分数の特徴が使うことができます。$\frac{4}{5}$ を $\frac{12}{15}$ と表現すれば，計算できるようになるのです。

内容のポイント

　6年生では，分数の乗法と除法を中心に計算の仕方を考え，数や計算の性質を多面的に捉える力を育成します。これにより，小学校における数と計算の学習を総括し，基礎的な計算技能を定着させ，生活や学習で活用する能力を高めます。

　「分数×整数」の学習で計算の仕方を考え，分子の数に乗数をかければ計算できると一般化しました。このことを生かせば，「分数÷整数」は分子の数を除数でわれば計算できると考えることができます。このアイデアを基にすることで，どの子どもも計算の仕方を考えることに参加できるようになります。どんな数でも計算ができるのかを考える過程で修正を繰り返し，計算の仕方を一般化していくことがポイントです。

200

つまずき指導

1 ☞ 「できること」から「できないこと」へ

$\frac{\square}{5} \div 2$ のように示し，「□にどんな数が入ったら簡単に計算できそう？」と尋ねます。すると，子どもは「2」や「4」という数を選ぶでしょう。その理由を問い返すことで，「かけ算と同じように，$\frac{2}{5} \div 2 = \frac{(2 \div 2)}{5} = \frac{1}{5}$，$\frac{4}{5} \div 2 = \frac{(4 \div 2)}{5} = \frac{2}{5}$ になる」と説明します。また，「$\frac{1}{5}$ が2つで $\frac{2}{5}$ だから。$\frac{1}{5} \times 2 = \frac{2}{5}$ の逆で $\frac{2}{5} \div 2 = \frac{1}{5}$」と説明する子どももいます。かけ算の計算の仕方を生かしてわり算も考えることができることを価値づけます。

このとき子どもから，「でも，わり算のときはわり切れなくなるときがある。例えば『3』が入ったときは計算できなくなる」と指摘してくることを待ちます（出なかったら教師から）。このように問題を提起する力を高めることが，結果的に計算の仕方を考える力を育てます。

2 ☞ 「できないこと」は「できること」に変える

「できないときは，できる形に変えて考える」というアイデアがあれば，分子が2でわり切れる数にすればよいことが見えてきます。こうして問題を焦点化していくことがポイントです。「分数は同じ大きさでも別の表現ができる」という特徴があることに着目させることで，$\frac{3}{5}$ は $\frac{6}{10}$，$\frac{9}{15}$，$\frac{12}{20}$……と別の表現に置き換えることができます。この中から，「$\frac{6}{10}$ や $\frac{12}{20}$ に変身させれば……」と気づいたところで，式に表します。

$$\frac{3}{5} \div 2 = \frac{(3 \times 2)}{(5 \times 2)} \div 2 = \frac{(3 \times 2 \div 2)}{(5 \times 2)} = \frac{3}{(5 \times 2)}$$

こうして，除数を分母にかけることが見えてきます。

上述のように問題を提起した子どもなら「でも，他のわり算だと，またできなくなるかも……」と，発展させて考察する姿を期待したいです。

6年 分数のわり算

なぜひっくり返してかけるのか説明できない

なぜつまずくのか

　子どもは自分で分数÷分数の計算の仕方を考え出す力をもっています。しかし，本単元の指導だけでは難しいところがあります。例えば，
「分数×分数の計算は分母同士，分子同士をかけて計算しました。わり算はその逆だから，分母同士，分子同士をわって計算すればできます」
と考える子どもは，分数÷分数の計算の仕方を自分で考え出していると言えるでしょう。しかし，このような計算の仕方を考え出すことができるかどうかは，これまでの学習がどう行われているかに依存するのです。乗除の関係を知っていると同時に，その関係を利用する経験を通してかけ算をすればその逆のわり算を考えるような学び方が身に付いているから引き出されるものなのです。

内容のポイント

　本単元は小学校で四則計算の仕方を学習する最後の単元となります。初めて出会う「分数÷分数」の計算の仕方を，これまでの学習してきた計算の仕方を活用して，自ら乗り越えていく姿を期待したいところです。そして，分数のわり算は除数の逆数をかけるというようにまとめることができることを学習します。しかし，このようなことを1時間の授業で子どもが考え出せるかより，子ども自身が「わり算」について知っていることを基に，分数÷分数をどのように解決できるか，その可能性を吟味することが重要でしょう。

つまずき指導

1 👉 「かけ算と同じように計算できるかな？」

分数のかけ算と同じように計算できるかどうか考えることを促します。
$\frac{8}{9} \div \frac{2}{3}$であれば，分母は$9 \div 3$，分子は$8 \div 2$と計算できます。

だから，$\frac{8}{9} \div \frac{2}{3} = \frac{(8 \div 2)}{(9 \div 3)} = \frac{4}{3}$となります。わり算の逆算はかけ算なの
で，$\frac{4}{3} \times \frac{2}{3} = \frac{8}{9}$として確かめることができます。こうして，子どもと「か
け算と同じように計算できる」とまとめたらどうでしょう。子どもから
「でも，わり切れないときはどうするの？」と疑問が出るでしょう。

$\frac{3}{4} \div \frac{2}{3}$にすると，分母が$4 \div 3$，分子が$3 \div 2$でわり切れなくなってし
まうということです。この場面は，$\frac{3}{4}$の表現を変えることで乗り越える
ことができます。

まずは分母が3でわり切れるように，$\frac{(3 \times 3)}{(4 \times 3)}$。しかし，これではまだ
分子がわれないので，さらに2倍して$\frac{(3 \times 3 \times 2)}{(4 \times 3 \times 2)}$。このように変えていく
過程を残しておけば，

$$\begin{aligned} \frac{3}{4} \div \frac{2}{3} &= \frac{(3 \times 3 \times 2)}{(4 \times 3 \times 2)} \div \frac{2}{3} \\ &= \frac{(3 \times 3 \times 2 \div 2)}{(4 \times 3 \times 2 \div 3)} \\ &= \frac{(3 \times 3)}{(4 \times 2)} \end{aligned}$$

となり，結局，逆数をかけることになります。

2 👉 「整数に戻して計算できないかな？」

小数のわり算を学習したとき，$360 \div 1.8 = 3600 \div 18$として計算するこ
とを学びます。このことを基にすると，例えば$\frac{3}{4} \div \frac{2}{3}$のわり算の除数と
被除数に3をかけて，$\frac{(3 \times 3)}{4} \div 2$とすればよいと考えられます。除数と
被除数の両方に同じ数をかけても商は変わらないという「わり算の性質」
を活用するわけです。$\frac{(3 \times 3)}{(4 \times 2)}$となり，結局，逆数をかけることになりま
す。

6年

203

88

6年 ─対称な図形─

線対称の作図ができない

なぜつまずくのか

　線対称な図形の定義は，対称の軸で半分に二つ折りしたとき，両側の部分がぴったり重なる形です。この定義は，子どもにとって分かりやすく，線対称な図形かを判断することは比較的簡単にできます。しかし，線対称な図形を作図する場合，対称の軸で半分に折ることができません。そのため，線対称な図形の作図につまずく子が出てきます。

　線対称な図形の作図は，「対応する2つの点を結ぶ直線は対称の軸と垂直に交わる」「対称の軸から対応する2つの点までの長さは等しい」という性質を主に使います。しかし，子どもにとって，これらの性質を理解することは難しく，作図につまずく原因の一つだと考えられます。

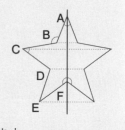

内容のポイント

　図形の定義や性質の理解を深めるために作図は有効です。図形は，頂点の位置が決まると，その形や大きさが一意に決まります。例えば，三角形は，3つの頂点の位置が決まれば，図形の形や大きさが決まります。

　線対称な図形の作図においても，対称の軸で分けた片側の部分に対応する頂点の位置が決まれば作図できます。対応する頂点の位置を決めるために，線対称な図形の性質に着目することを促していきましょう。

つまずき指導

1. 対称の軸を見つける

「どんな形をしているかな？」と発問し，星形の図形を隠している黒い画用紙を左から右に少しずつ移動させていきます。左側半分の形が見えたところで，画用紙を動かすのを止めます。

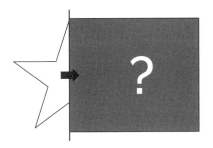

このとき，子どもは「左側半分の形が分かれば，右側半分の形も分かる」と考えることが予想されます。そこで，星形の左側だけがかいてあるワークシートを配布し，右側の形を考えることを促します。右側の形をかくためには，左側の頂点に対応する頂点の位置を考えることになるため，線対称な図形の性質に着目して作図する必然が生まれます。

2. 線対称アートをつくる

様々な色の八つ切り画用紙を半分に切ったものを準備し，その中から2色を選びます。そして，2色の画用紙を2枚重ねて，適当な形に切ります。切った部分同士を交換すると，線対称な図形ができます。

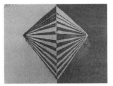

この作業を繰り返し行うことで，右のような線対称アートが完成します。子どもは，線対称アートをつくる過程を通して，線対称の定義やその性質を振り返ることができます。でき上がった作品は，お互いに共有する中で，線対称な図形の美しさを感じられるようにしましょう。また，廊下に掲示して，他学年にも紹介できる機会を設けるとよいでしょう。

6年 対称な図形

点対称の作図ができない

なぜつまずくのか

点対称な図形の作図は、線対称な図形とは異なり、対応する点や辺、角がどこにくるかイメージをもちにくいことが考えられます。線対称な図形は、半分に折って重なり合うため、折り紙の経験などからイメージしやすく見通しをもってかけるのですが、点対称な図形はそうはいきません。図形を180°回転させるといった経験が乏しく、180°回転させるという感覚がもてない子どももいます。これでは、対応する点や辺、角の位置関係が分からずに、作図の見通しがもてません。その結果、点対称な図形の性質を知っていても活用することができないといったつまずきにつながるのです。

内容のポイント

図形の作図では、手続きを覚えてその通りにかく学習ではなく、図形の性質を活用する学習であるという認識を前提としてもつ必要があります。点対称な図形の作図では、次の性質を活用することが大切です。

> ・対応する2つの点を結ぶ直線は、対称の中心を通る。
> ・対称の中心から対応する2つの点までの長さは等しい。

これらの性質から、特に対応する点に着目することが重要です。図形を180°回転させたときの対応する点（頂点）の位置関係に着目して、図形を実際に180°回転させたり、観察や構成したりするとよいでしょう。子どもが、点対称な図形のイメージをもち、作図の見通しがもてるようにすることが肝心です。

つまずき指導

1 👉 線対称な図形を切って，点対称な図形をつくる

線対称な図形を対称の軸で半分に切ります。切った半分を操作して点対称な図形をつくります。例えば，以下の通りです。

つくった図形は，対称の中心を固定して180°回転させ，ぴったり重なるか確かめます。このように点対称な図形はいくつかつくることができます。そして，「点対称な図形をどのようにつくったの？」などと，つくった過程を振り返るようにします。そうすることで，「切った半分の形を左右も上下も反対にするとできたよ！」と点対称な図形のイメージをもつことにつなげることができます。

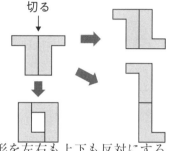

2 👉 対称の中心を多様に設定し，対応する点をかき加える

例えば，三角形を1つ提示します。その際，頂点が分かるようにしておきます。子どもが対応する点に着目し，意識するようになるからです。はじめは頂点の少ない三角形から扱うと点の対応が見えやすいです。そして，対称の中心を決め，点対称な図形となるように，もう1つの点をかき加えます。できたら，対称の中心を変えて同様に繰り返します。

このように，対称の中心を多様に設定し，対応する点をかき加えることによって，点対称な図形のイメージをもつことにつながり，左頁に挙げた点対称な図形の性質を活用することにもなります。

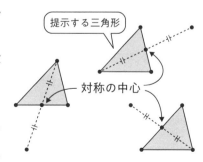

⑨0

拡大図・縮図

6年

拡大図・縮図の面積比が分からない

なぜつまずくのか

　拡大図・縮図の発展的な学習として，面積比を扱います。面積比とは，2つの図形の面積の比を表したものです。例えば，正方形の一辺の長さを2倍すると，面積は何倍になるでしょうか。また，一般三角形の底辺の長さと高さを2倍にすると，面積は何倍になるでしょうか。子どもは，「辺の長さが2倍になると面積も2倍になる」と考えます。比例の学習をしてきた子たちにとって，自然な発想です。しかし，実際には辺の長さが2倍になると，面積比は4倍になります。これは面積比につまずいている子どもの姿だと考えられます。予想を裏切られた子どもは，「辺の長さを2倍にすると，どうして面積は4倍になるのだろう？」という問いをもちます。

内容のポイント

　正方形を例に考えると，一辺が1cmのときの面積は1cm^2，一辺が2cmのときの面積は4cm^{2}になります。実際に計算をすれば，一辺の長さが2倍になると面積が4倍になることが分かります。また，文字を使った場合，正方形の一辺の長さをaとおけば$a \times a = a^2$になり，正方形の一辺の長さを$2a$とおけば$2a \times 2a = 4a^2$になります。正方形の面積がa^2から$4a^2$になったことから，面積比が4倍になることが分かります。

　文字を使うよさは，どんな数字の場合でも面積比が4倍だと証明できることです。この後，面積比のきまりが他の図形にも適用されるかについても考えていくとよいでしょう。

208

つまずき指導

1. ハンカチを折る・広げる操作を重視する

$\frac{1}{4}$に折り畳んだハンカチを見せ,「正方形の一辺の長さを2倍にすると,面積は何倍になるかな?」と発問します。子どもは自分のハンカチを使って,折る・広げる操作を繰り返しながら,その関係を考察し始めます。折り畳んだハンカチを1とみれば,広げたハンカチは4になります。

逆に,広げたハンカチを見せ,「正方形の一辺の長さを$\frac{1}{2}$にすると,面積は何倍になるかな?」と発問します。今度は,広げたハンカチを1とみれば,折り畳んだハンカチは$\frac{1}{4}$になります。どちらを基準にするかによって,面積比が4倍,または$\frac{1}{4}$に変わることを実感できるようにしましょう。

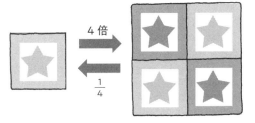

2. パターンブロックを使って視覚的に考える

パターンブロック(東洋館出版社)の一つである台形を見せ,「1辺の長さが2倍の台形をつくりましょう」と発問します。自分の手でパターンブロックを操作することを通して,辺の長さが2倍の台形をつくるには,台形が4個必要になると気付き,面積比を視覚的に理解することができます。次は,小さな台形が4つで構成される大きな台形の辺の長さを2倍にすると,パターンブロックの台形はいくつ必要になるかについて考えていくと,さらに学習が深まります。

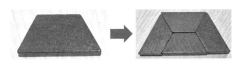

91

6年 〔円の面積〕

おうぎ形や複合図形の面積を求められない

なぜつまずくのか

ただ普通に円の面積を求めることはさほど難しくはありません。もちろん，半径と直径に気を付けるとか，×3.14の計算ミスに気を付ける必要はありますが。ここで，難しいのは右のような，円を使った複雑な図形の面積 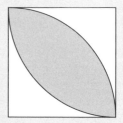 を求める場合です。補助線などを引くとそれが見えてくるような問題もあるわけですが，そもそも補助線をどこにどう引くか，そして補助線を引くという発想自体もなかなか思い浮かびません。

この手の問題はセンスが必要などという意見もあり，できない人は仕方ないという話すら聞くことがあります。しかし，本当にそれでいいのでしょうか。このつまずきは，センスが問題なのではなく，円をよく見ることとその経験が実は重要になっているのです。

内容のポイント

円はこれまで学習した図形の中で唯一曲線をもつものであり，それだけ特殊なものであると言えるでしょう。また面積の公式には，3.14というこれまでになかった円周率となる数値を用い，それが小数値にもなっています（円周率を3という整数値でもよしとする過去もありました）。

公式に当てはめて面積を求めるだけならいいですが，それでは学びがありません。公式ができる過程を視覚的にきちんと見せ，この特殊な図形についてのイメージをしっかりともたせていくことが大切です。

つまずき指導

1👉 見えない部分の円をかこう

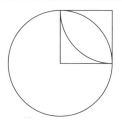

　円を含む不思議な形の面積を求めるときに，苦手意識のある子に特にしてほしいのが，円の全体をかいてしまおうというものです。左頁の問題例で考えてみます。見えている曲線を延ばしてみて円全体をかいてみると右の図のようになります。そうすると，「この問題は円全体の$\frac{1}{4}$を使っているな」と感じ取ることができませんか？　これが問題を解決するきっかけになっていきます。

　センスがあると言われる人は，きっとこの円の全体像が見えている人なのかもしれません。見えなければかけばいいわけです。分かりにくいものは，手間がかかっても自分で分かる形にするという発想です。

2👉 模様づくりをしよう

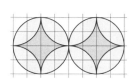

　初めてコンパスを使うようになった３年生で，右のような模様をかくような時間があります。この模様づくりは，コンパスを使う技能を育てるだけでない理由があることが今に分かってくるはずです。例えば，右上の模様は，先ほど求めようとしていた不思議な形が含まれています。では，このようにいろいろな模様をつくった経験がある人とない人では面積を求める力の差はどうなるでしょうか。やればやっただけ，できそうだと分かるでしょう。模様づくりの時間が取れればいいわけですが，忙しい６年生にはなかなかそうもいきません。

　その場合は，面積を求める前に，問題になっている図（模様）だけをつくってみるという活動を入れてはどうでしょうか。自分でかいた感覚が，面積を求めるヒントを自動的に得ることにつながっていくのです。

㉜ 6年 ― 角柱と円柱の体積

複合立体の体積を求められない

なぜつまずくのか

　角柱や円柱の体積を求める際に見いだした，底面積×高さの公式がうまく活用できないことが考えられます。複合立体を分解して一つ一つの立体の体積を求めて，たしたり，ひいたりすると，求積する立体図形によって考え方も変えなければなりません。そのため，求積の過程で，今何を求めているのか混乱してしまうのです。

　また，複合立体は，底面が複雑な形で構成され，底面がどこにあたるのか分かりにくくなります。底面や側面の定義を基に，立体図形を見られていない場合も考えられます。

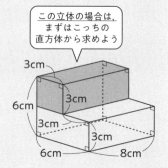

この立体の場合は，まずはこっちの直方体から求めよう

内容のポイント

　6年生では，角柱と円柱の体積を底面積×高さで捉え直します。複合立体の体積も同様に，底面積×高さを活用して求めます。どのような立体も底面積×高さを用いれば，形が変わっても同じように考えることができます。そのためには，底面と高さに着目して立体図形を見ることが大切です。立体図形を底面積が高さ分だけ厚みをもった図形と認識できるようにします。複合立体の場合は，底面が複雑な形となるため，底面が2つの合同な面であること，側面が長方形や正方形の面であることを確認しながら体積を求めるようにするとよいでしょう。

つまずき指導

1. 実際につくる

　工作用紙を準備し，複合立体をつくる活動を取り入れます。子どもたちは，つくる過程で底面と側面に着目します。例えば，左頁のような複合立体をつくろうとすると，L字の底面2つと長方形の側面6つのように，底面と側面で分けて考えることになります。組み立てる際に，底面と高さにあたる側面の長方形を意識するため，おのずと底面積が高さ分だけ厚みをもった図形と認識するようになります。様々な複合立体をつくると，どれも同じ考え方でつくれることに気付きます。空間図形は平面図形以上に，自分の手でつくったり，観察したりする活動が効果的です。

2. 比例の考えを引き出す

　次のような問題を提示します。

　「下の立体の体積は282cm^3です。高さが9cmのときの体積を求めましょう」

　子どもたちは，高さが6cmなので，高さ1cmのときの体積を求め，それを9倍したり（①），高さが3cmの体積を求め，それを3倍したりします（②）。その際，計算だけで問題解決をするのではなく，高さが1cm，3cm，9cmのときの図を並べてかくなど，式と対応させます。そうすることで，体積が底面積の高さ分の厚みを伴って変わる様子が捉えやすくなります。

　このように，体積が高さに比例していることを活用する問題場面を扱うことで，立体の見方が身に付きます。

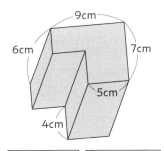

①
282 ÷ 6 = 47
47 × 9 = 423
423 cm^3

②
282 ÷ 2 = 141
141 × 3 = 423
423 cm^3

93

およその面積

6年

概形を捉えられない

なぜつまずくのか

　子どもたちは，これまでの学習で様々な図形の大きさを公式を利用して，正確に求めてきています。しかし，この単元では，土地や湖，容器などの身の回りにある形を扱います。それは必ずしも直線で構成されていなかったり，複雑な形をしたりしています。子どもたちは，これらの面積や体積を正確に求めようとしたり，既習の求積可能な図形に見立てられなかったりしてつまずいています。つまり，身の回りにある形の概形を捉えることができずに，面積や体積を求められないということが原因として考えられます。

内容のポイント

　身の回りの形の大きさを求めるためには，それらの形の概形を捉えることが必要です。概形を捉えるとは，対象の形を，既習の求積可能な図形やそれらを分けたりしてできた形に見立てるということです。簡単に言うと，知っている形として見るということです。

　例えば，右下のような土地の面積を求める場合について考えます。さて，どのような既習の求積可能な形が見えるでしょうか。平行四辺形や円，台形，正方形などの求積可能な形に見立てる子どもの姿を期待したいものです。そのためには，正確ではなくおよその面積でよいという態度を引き出し，子どもが見立てた形に応じて求積に必要な辺の長さを与えたりすることが大切です。

214

つまずき指導

1 近い形を見つけよう！

　身の回りにある自然のものは，一つ一つ形が異なっています。そこで，「三角形に近い葉を見つけてきましょう」と伝え，校庭の落ち葉を探す活動を取り入れます。「一番三角形に近い葉を見つけた人の勝ち」など，ゲーム性をもたせて行うと，辺や位置関係にまでこだわりながら意欲的に探します。見つけてきた葉は，実際に必要な長さを測定し（概測），面積を求めます。

　題材として扱うものは，上の例以外に，石や花びらなど，形は平行四辺形や台形，ひし形，円，直方体などの既習の図形がよいでしょう。もちろん，花びらはICT端末を利用して写真を撮るなどの工夫は必要です。このような活動を通して，身の回りにあるものを図形的に捉え，概形を捉えることができるようにしたいものです。

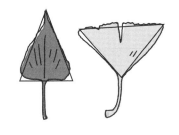

2 身の回りにあるものを図形として分解・合成

　例えば，自分の手形をノートにかき写すよう伝えます。子どもは，手を広げたり，閉じたりと思い思いに書き写します。そして，「かき写した手形はどんな図形でつくられているでしょうか？」と問い，かき写した手形の上に図形をかくように伝えます。すると，「三角形と長方形を組み合わせた形に見えるよ！」や「閉じたときは，台形に見える！」など，既習の求積可能な形に見立てることができます。実際に求積に必要な長さを測り，面積を求めることもできます。

　このように，身の回りにあるものを図形として，分解したり，合成したりする経験が，概形を捉えようとする眼を養うことにつながります。

比の値の意味が分からない

6年　比

なぜつまずくのか

「$\frac{3}{5}$ を 3：5 の比の値と言います」や「3：5＝6：10 と言えるのは，比の値が $\frac{3}{5}$ で等しいからです」と答えられる子どもは多いでしょう。しかし，形式的に比の値を使えることができても，「比の値とは，何を意味しているものか？」「比の値が等しいとは，何が等しいことなのか？」と問われると，説明できない子どもは多いのではないでしょうか。そうなると，数量の関係を比で表したり，等しい比をつくったりすることにつまずいてしまうのです。

内容のポイント

比の値の意味を理解するためには，「(2種類の液体を) 3杯と5杯の割合で混ぜても，6杯と10杯の割合で混ぜても濃さは等しくなる。このようなことから，二つの数量の間には比例関係があることや，3：5 は，6：10，9：15 などや 1.5：2.5 などと等しいことを理解させる」(文部科学省，2017，p.305) ことが大切です。文部科学省 (2017) の文章からも分かる通り，比は割合を表したものなので，5年生で学習した割合を使えば意味が分かります。「比の値が等しい」とは「割合が等しい」ことなのです。

【参考・引用文献】
文部科学省 (2017)．小学校学習指導要領 (平成29年告示) 解説算数編．日本文教出版．p. 305.

つまずき指導

1. 「比の値が等しい」とは何が等しいのかを考える

例えば,「Aのコップに,牛乳3杯とコーヒー5杯を混ぜてコーヒー牛乳をつくりました。Bのコップに,牛乳6杯とコーヒー10杯を混ぜてコーヒー牛乳をつくりました。2つのコーヒー牛乳の味は同じでしょうか?」という問題を考える際,図を使って「何が同じか」を視覚的にも分かりやすくするとよいでしょう。有効な図としては数直線があります。この問題であれば以下のような数直線を見せると,「味が同じとは,0.6という割合が等しい」ということが分かります。

右図のように数直線を縦に並べると,$a:b$のaが比べられる量,bがもとにする量,0.6が割合を表していることが分かりやすくなります。そして,比の値が割合ということが分かるとともに,比の値が等しいというのは,割合が等しいということも分かります。

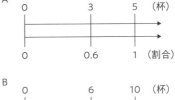
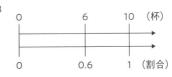

2. もとにする量と比べられる量の比例関係について考える

上の数直線を使って,もとにする量(5杯と10杯)と比べられる量(3杯と6杯)の関係が比例関係になっていることにも着目させましょう。もとにする量が5杯から10杯に2倍になると,比べられる量も3杯から6杯になっています。「だったら,もとにする量を○倍にしたら,比べられる量も○倍になるな」と考えて,様々な量で比の値が等しくなることを確かめれば,比の値が等しい理由が,もとにする量と比べられる量の比例関係に基づいていることも理解しやすくなるでしょう。

95 6年 [比] 等しい比の性質が成り立つ理由が分からない

なぜつまずくのか

　等しい比の学習の後は，等しい比の性質を学習することになりますが，よく扱う性質として，「比の各項に同じ数をかけたり，わったりしても，比は等しい」というものがあります。具体的な数値で表すと，以下のような性質です。

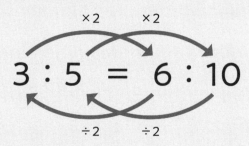

　等しい比の性質も，形式的に使うことができる子どもも多いでしょう。しかし，「なぜ，こんなことができるの？」という問いに答えられる子どもは多くないでしょう。

内容のポイント

　等しい比の性質を理解するためには，比の値の意味の理解と同様に，もとにする量と比べられる量の比例関係を理解することが重要です。
　まず，比の値が等しい比をいくつか提示します。その上で，前項と後項（$a:b$ならば，aが前項，bが後項）の比例関係に気付かせていくのです。その際，数値だけでなく，具体的な問題場面を用いて，実感を踏まえて前項と後項の比例関係を理解させるようにしましょう。

つまずき指導

1. 比の性質に気付かせる

例えば,「3：5と比の値が等しくなる比を考えましょう」とします。そして,子どもから出された比を,数値が小さい順に並べ替え,数値の変化に気付かせます。

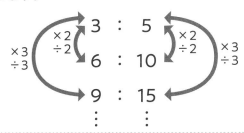

2. 比の性質の理由を考える

まず,「比の各項に同じ数をかけたり,わったりしても,比は等しい」という等しい比の性質をまとめます。

ここで大事なことは,「なぜ,前の数と後の数に,同じ数をかけたり,わったりしても,比は等しくなるのか？」ということを考えることです。考える際のポイントは,「比の値が等しいことを数直線で表すこと」です。

ここで牛乳とコーヒーを混ぜて,コーヒー牛乳をつくる場面を想起させます。そして右図のように,比の後の数（コーヒーの量）の5杯・10杯・15杯,比の前の数（牛乳の量）の3杯・6杯・9杯を,それぞれ縦に並べて表

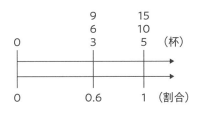

示すると,比の値が変わらない場合は,比の前の数と後の数が比例関係になっていることが分かり,「比は前の数と後の数に,同じ数をかけたり,わったりしても,比は等しくなる」という理由が分かります。

⑯

6年 ── 比

割合と量の対応ができない

なぜつまずくのか

　「これからくじをつくります。当たりくじとはずれくじの数の比が3：7になるようにします。くじの全部の枚数を120枚にするとき，当たりくじの枚数は何枚にすればよいでしょうか」といった問題があったとき，図をかいて確かめることもなく，3：7＝x：120や，120×$\frac{3}{7}$と立式してしまう誤答が多く見られます。

　これは，問題場面をよくイメージできておらず，「問題文で出てくる数値を組み合わせて式をつくればいい」といった安易な判断で立式したために，場面の構造を捉えることにつまずいていると考えられます。

内容のポイント

　本単元は6年生の学びの後半に位置付き，これまで学んできた「割合」の学びの集大成とも言える単元です。「何かを1とみる」「全体と部分」など，5年生からの既習が生かされる学習です。

　しかし，上記のようにつまずいている子どもたちは，これまでの学習において，割合を全体と部分の関係性として適切に把握し，それを量と対応させて捉える力を十分に身に付けてこなかったと考えられます。

　ですから，本単元では問題文を丁寧に読み解きながら，線分図を基に問題場面の構造を共通理解し，全体と部分の割合とそれに対応する量が何なのかについて，よく考えていく場が大切になります。

220

つまずき指導

1. 求答よりも問題の構造の把握を授業の軸にする

　まず，前頁に示したような問題を提示した際，はじめから個々に立式させて答えを求めさせるのではなく，まずは，学級全体で線分図に問題場面を整理していきます。

　このとき，前時までの学習を生かし，まずは問題文に出てきた数値を自分なりに線分図にかき込ませていきます。

　すると，中には次の図のように表す子が出てきます。

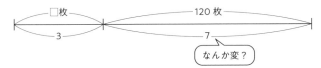

　こうした考え方を取り上げ，120枚は本当に7なのかについて焦点化して話し合っていきます。そして，7は「はずれ」の割合であり，120枚は全体の枚数であることを明らかにしていくのです。すると，3と7を合わせた割合の10が，全体の枚数を表すことが見えてきます。

2. 2つの活動で練習問題を組む

　問題の構造，つまり全体と部分の関係を把握することに慣れさせるためには，あえて練習問題を最後まで解かせるのではなく，次の2つの活動に絞り込んで徹底して繰り返すことも有効です。

　（1）問題文の中に出てくる割合と量の数値を対応させる。
　（2）制限時間を決め，素早くそれを線分図に表す。

　問題場面さえしっかり捉えられるようになれば，計算の処理自体はそれほど難しいことではありません。ですから，こうした活動に焦点化して行っていくことはとても効果的になります。

6年 比例・反比例
伴って変わる二つの数量の関係を見抜くことができない

なぜつまずくのか

　比例・反比例の学習において重要なことは，「何と何のどんな関係で問題を解いているのか？」ということに目を付けることです。

　例えば，「5分間に100Lの水をお風呂に入れられます。お風呂の容量は240Lです。このお風呂に水を満杯に溜めるためには，何分かかるでしょう？」という問題を考える際，「5×2.4＝12なので12分です」と答えることができても，「何と何のどんな関係を使ったのか？」ということを問うと，「時間と水の量の比例関係」と答えられない子どもが多いです。比例・反比例というのは，関数の学習の入り口です。上記のような分かりやすい問題であれば，あまり伴って変わる二つの数量の関係に着目しなくても解決できることも多いでしょう。しかし，問題の構造が複雑になってくると，途端に分からなくなる子どもが増えます。なぜなら，「何と何のどんな関係を使ったのか？」ということを見抜くことができないからです。

内容のポイント

　ここで大切なのは，子どもが問題解決をした後に，「どうしてこの式になったの？」「この○倍というのはどこから出てきたの？」「これは何と何の量に着目して解いたの？」などと問い返すこと。多くの子どもは，答えを出すための式は考えられるかもしれません。先ほどのお風呂の問題であれば，5×2.4＝12という式は考えられても，立式の根拠や，×2.4になる理由については意識できていないかもしれないのです。

つまずき指導

1 立式の根拠について考える

「5分間に100Lの水をお風呂に入れられます。お風呂の容量は240Lです。このお風呂に水を満杯に溜めるためには，何分かかるでしょう？」という問題で5×2.4と立式したら，「なぜ，5×2.4となるのか？」と問うてみてください。子どもの反応としては「5分が2.4倍になるから5×2.4になる」という説明が予想されます。

しかし，この問題には，2.4倍という数値は出てきません。2.4倍を導き出した根拠を問えば，「水の量が100Lから240Lに2.4倍になると，時間も2.4倍になる。だから5×2.4になる」というような，「時間と水の量の比例関係」を根拠にした説明がなされるでしょう。

2 2量の関係について考える

比例・反比例の問題の学習において大切なことは「伴って変わる二つの数量の関係」に着目することです。先述のお風呂の問題であれば，「この問題を解くためには，何と何のどんな関係に着目したのかな？」と問うということです。この問題であれば「時間と水の量の比例関係」です。

こういった発問を繰り返すことで，少しずつ「伴って変わる二つの数量の関係」に着目できるようになります。また，表やグラフ等を使って，「伴って変わる二つの数量の関係」を，視覚的にも理解できるようにすることも大切です。

2.4 倍

時間 x（分）	1	2	3	4	5	6	7	8	9	10	11	12	…
見図の量 y（L）	20	40	60	80	100	120	140	160	180	200	220	240	…

2.4 倍

6年

データの調べ方

代表値が分からない

なぜつまずくのか

代表値とは，データ全体を表す指標となる値であり，平均値，中央値，最頻値等があります。

代表値を考えるためには，データを数値の大小順に並べ直し，散らばりの様子を捉えやすくする必要があります。そのために有効なのがドットプロットです。ドットプロットを完成させるためには，集めたデータを正確に書き写す必要があります。正確に書き写すことができなければ，当然，代表値にも間違いが生じます。

また，「代表値を用いる場合は，資料の特徴や代表値を用いる目的を明らかにし，どのような代表値を用いるべきか判断する必要がある。」（文部科学省,2017,p.308）のですが，適切な代表値を選ぶことにつまずく子どもも多いです。

データ全体を表す指標としては，平均値が多く使われるため，いつも平均値を用いてデータを判断してしまう子どももいます。

内容のポイント

まず，ドットプロットをつくるためには，集めたデータを落ちがないように読み取る必要があります。そのためには，ドットプロットに書き写したデータには印を付けるようにします。

その次に，目的に応じて適切な代表値を選択します。大事なことは「目的に応じる」という点です。「何を知りたいのか？」ということを考え，目的に応じた代表値を選択する必要があるのです。

224

つまずき指導

1. ドットプロットをつくる

まず,「自分のクラスの人たちは,どのくらいの本を図書室から借りているのか?」というような問題を提示して,集めたデータを提示します。ドットプロットに書き写したデータには印を付けていきます。

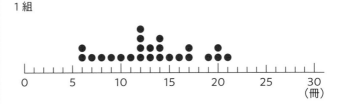

2. 目的に応じた代表値を選択する

ドットプロットを作成したら,次は目的に応じた代表値について考えます。もし,他のクラスとの比較をするのであれば,平均値を用いることもあるでしょう。しかし,平均値がいつでも有効な代表値とは限りません。例えば,「自分は,クラスの中で本を借りている冊数が多い方かどうか」ということを調べたい場合,平均値だけでは分かりません。そのときは中央値を調べて,「自分はクラスの中央値の冊数よりも多く借りているか?」と考えたり,最頻値を調べて「自分は多くの人が借りている冊数よりも多く借りているか?」と考えたりします。

平均値,中央値,最頻値といった代表値を知識として理解することも必要ですが,目的に応じて代表値を選択することが大切です。

【参考・引用文献】
文部科学省(2017),小学校学習指導要領(平成29年告示)解説算数編,日本文教出版,p.308.

(99)

データの調べ方

6年

表やグラフを作成できない

なぜつまずくのか

　6年生では，度数分布を表す表（以下，度数分布表）と柱状グラフについて指導します。

　度数分布表とは，「分布の様子を数量的に捉えやすくするために，数量を幾つかの区間（階級という）に分けて，各区間に，それに入る度数を対応させた表」（文部科学省,2017,p.308）のことです。柱状グラフは，「各階級の幅を横とし，度数を縦とする長方形をかいたものという程度の理解でよい。」（文部科学省,2017,p.308）とされています。

　度数分布表と柱状グラフに共通することは階級です。度数分布表や柱状グラフを作成する際，子どもがつまずきやすいポイントの一つは，階級の幅を把握することです。階級の幅は「〇〇以上〜△△未満」と表記されますが，以上や未満の意味を理解せずに，各区間にデータを振り分けていってしまうのです。

内容のポイント

　通常，度数分布表をつくってから，柱状グラフをつくるという順になります。順序が逆になることもあると思いますが，どちらにしても，落ちがないようにデータを写すことが大事です。データを写す際は，「以上」「未満」という言葉を意識しながら，どの階級に振り分ければよいかを考えることが重要です。度数分布表をつくったら，あとは縦軸と横軸の意味に気を付けながら，柱状グラフにかき写すようにしましょう。

226

つまずき指導

1. 度数分布表をつくる

まずは，集めたデータを基に度数分布表をつくります。その際，度数分布表の階級の幅に着目させます。「以上」や「未満」の意味は4年生で学習済みですが，度数分布表をつくる前に，全員で共有しておくとよいでしょう。

ソフトボール投げの記録（1組）

番号	きょり (m)	番号	きょり (m)
①	33	⑨	31
②	38	⑩	34
③	22	⑪	27
④	44	⑫	28
⑤	26	⑬	37
⑥	32	⑭	29
⑦	24	⑮	21
⑧	25		

ソフトボール投げの記録（1組）

きょり (m)	1組（人）
15 以上 ～ 20 未満	0
20 ～ 25	3
25 ～ 30	5
30 ～ 35	4
35 ～ 40	2
40 ～ 45	1
合　計	15

2. 柱状グラフをつくる

度数分布表が完成したら，柱状グラフを作成します。その際，柱状グラフの縦軸が度数を表し，横軸が階級の幅を表していることを理解することが大切です。ちなみに，「階級の幅を変えて柱状グラフをつくり直すなどして，分布の様子を的確に捉えることは，中学校第1学年で扱います。」(文部科学省,2017,p.308)。

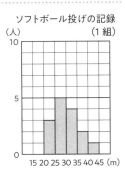

【参考・引用文献】
文部科学省（2017），小学校学習指導要領（平成29年告示）解説算数編，日本文教出版，p. 308.

100

データの調べ方

6年

妥当性を批判的に考察できない

なぜつまずくのか

　妥当性を批判的に考察するとは,「自分たちが出した結論や問題解決の過程が妥当なものであるかどうかを別の観点や立場から検討してみることや, 第三者によって提示された統計的な結論が信頼できるだけの根拠を伴ったものであるかどうかを検討すること」(文部科学省 ,2017,p.311) ということです。

　結論が出たとしても, その結論に妥当性があるのかを考えなければ, 誰かに信じてもらうことはできません。それは, 問題解決の妥当性についても同様です。結論の妥当性だけでなく「この解き方は妥当と言えるのか?」ということを考えることにもつまずくのです。

内容のポイント

　大切なことは, 結論や問題解決の過程の妥当性を批判的に考察することです。例えば, 「5年生と6年生では, どちらの学年が図書室から本を借りているのか?」という目的をもって問題を解決するとします。その際, 「どの代表値を用いて結論を出すのか?」ということを考えることが重要です。1つの観点だけでなく, 多様な観点で結論を出すことで, 結論の妥当性を批判的に考察することができます。また, 5年1組と6年1組のデータだけを比べて, 「6年生の方が図書室から本を借りている」としたら, 問題解決の過程としての妥当性はあるでしょうか。5年生と6年生がそれぞれ1クラスずつしかないのか, それとも, 他にもクラスがあるのかによって, 問題解決の過程の妥当性が変わってきます。

228

つまずき指導

① 結論についての妥当性を批判的に考察する

　問題解決の過程で，「このデータだけで結論を出していいのかな？」「結論を出すための根拠となる代表値は何がいいのかな？」と考えることが理想です。しかし，最初からそういうことができる子どもは少ないでしょう。よって，まずは結論を出してから，結論や問題解決の過程の妥当性について批判的に考察するとよいでしょう。

　例えば，「5年生と6年生では，どちらの学年が図書室から本を借りていると言えるでしょうか」という問題を平均値だけで判断したとします。平均値では「6年生の方が本を借りている」と言えたとしても，中央値や最頻値でも比べたら結論が変わるかもしれません。

　1つの観点で結論を出したのであれば，他の観点でも比べるように促していくことが大切です。

② 問題解決の過程について批判的に考察する

　結論を出した後は，問題解決の過程についても批判的に考察しましょう。「5年生と6年生では，どちらの学年が図書室から本を借りていると言えるでしょうか」という問題を，5年1組と6年1組のデータだけで結論を出していたとしたら，問題解決の過程の妥当性はあるでしょうか。もし，5・6年とも2組があったとしたら，1組と2組の子どもが同じように本を借りるとは言えるでしょうか。もし言えないのであれば，問題解決の過程の妥当性は認められないので，5年2組・6年2組の子どもが借りた本の冊数のデータも調べる必要性が出てくるでしょう。

【参考・引用文献】
文部科学省（2017）．小学校学習指導要領（平成29年告示）解説算数編，日本文教出版，p.311.

⑩

6年 並べ方と組み合わせ方

並べ方と組み合わせ方の区別ができない

なぜつまずくのか

　問題場面に着目して，並べ方なのか，組み合わせ方なのかを考える必要がありますが，樹形図や表のかき方だけを覚えようとしてしまうため，それらの図や表を適切な場面で使えなくなってしまい，つまずくことが多いのです。

　落ちや重なりなく調べるためには，図や表などに整理することは有効ですが，「何のために図や表に表すのか？」「どうして，このような図や表に表すと，落ちや重なりがなくなるのか？」ということを考えずに，形式的に図や表をかいていることが原因だと考えられます。

内容のポイント

　並べ方と組み合わせ方の解き方を覚える前に，まずはそれぞれの概念を豊かにすることが大事です。そのためには，「並べ方とは，順番が関係あるもの」「組み合わ方とは，順番が関係ないもの」とイメージできることが大事です。

　子どもの実態にもよりますが，それぞれの問題場面を振り返りながら，「並べ方」や「組み合わせ方」という言葉も教えてあげると，それぞれの違いも分かりやすくなります。

230

つまずき指導

1 何通りの選び方があるかな？

　並べ方と組み合わせ方を同じ事象で扱うことで，条件の違いが理解しやすくなると考えられます。そこで，「バニラ，チョコレート，ストロベリー，メロンの4つの味のアイスクリームから2つの味を選ぶとき，何通りの選び方がありますか」という問題を扱います。そうすると，「アイスクリームはカップに入れるのか？　コーンの上に重ねるのか？」という疑問が湧いてきます。

　そこで，「カップの場合は自分で食べる順番を決められるけれど，コーンの場合は，どちらを先に食べるのかを決めてからアイスをのせないといけないから，のせる順番を考えないといけないね」という話を子どもとしてから，何通りの選び方があるのかを考え始めます。

　カップに入れる場合は，順番が関係ないので，組み合わせ方になります。コーンの場合は，順番が関係あるので，並べ方になります。

2 樹形図の違いを見せる

　並べ方と組み合わせ方の違いを理解するものとして，樹形図は効果的です。上記のような問題場面の違いをみんなで共有した上で，並べ方と組み合わせ方の違いを樹形図で見せるとよいでしょう。

【コーンアイス（並べ方）】　　【カップアイス（組み合わせ方）】

```
バ ─ チ      チ ─ バ          バ ─ チ      チ ─ バ ×
      ＼ ス         ＼ ス              ＼ ス         ＼ ス
        ＼ メ         ＼ メ              ＼ メ         ＼ メ

ス ─ バ      メ ─ バ          ス ─ バ ×    メ ─ バ ×
      ＼ チ         ＼ チ              ＼ チ ×       ＼ チ ×
        ＼ メ         ＼ ス              ＼ メ         ＼ ス ×
```

6年

231

102 | 6年 並べ方と組み合わせ方
落ちや重なりがあることに気付かない

なぜつまずくのか

　なぜ，落ちや重なりがあることにつまずくのかと言えば，「ごちゃごちゃになって，整理できていないから」です。例えば，「あきらさん，かんたさん，さとるさん，たろうさん，の4人でリレーをする順番は何通りありますか」という問題を考える際，適当に4人の順番を書き出していったら，落ちや重なりがあっても，気付きにくくなってしまいます。

　また，常に「あきらさん」「かんたさん」「さとるさん」「たろうさん」と名前を書いていくと，整理しづらくなり，落ちや重なりがあることに気付きにくくなります。手間がかかり，間違いが起きる可能性も高まってしまうのです。

内容のポイント

　落ちや重なりがないようにするためには，起こり得る場合を順序よく整理して調べることが大切です。そのためには，観点を決め，ある規則に沿って整理して並べていくことが効果的です。

　先述の問題であれば，「第一走者をあきらさんに決めた場合に，第二，第三，第四走者が誰になるかを考える（観点）」「並べ方の優先順位は，あきらさん，かんたさん，さとるさん，たろうさんとする（規則）」といった具合に決めて，第一走者が4人それぞれになった場合に，どんな走順があるかを順番に整理していくということです。

つまずき指導

どんな走順があるかな?

　落ちや重なりがないようにするためには，起こり得る場合を順序よく整理した調べ方だけを提示しても，そのよさが分からず，樹形図や表のかき方だけを覚えてしまう子どももいます。そこで，思いつくままに並べる方法を提示して，「これで全部と言えるのか?」ということを考えるとよいでしょう。

　「あきらさん，かんたさん，さとるさん，たろうさん，の4人でリレーをする順番は何通りありますか」という問題であれば，下のような調べ方を提示します（記号化は済んでいるとします）。

あかさた　　かあさた　　かさたあ　　さかあた　　たさあか

たかさあ　　さあかた　　あかさた　　かたさあ　　あさたか

　こうすると，「これで全部と言えるのか?」と聞かれたときに，整理されていないので，すべての起こり得る場合が書き出されているか確認ができません。また「あかさた」は重なっています。

　そこで，下のような「まず，第一走者を決めて，そのときに，第二，第三，第四走者が誰になるかを考えていく」という解法を見せて，上図の並べ方との違いを見比べてさせ，「観点と規則を決めて，順番に整理すると，落ちや重なりがない」というよさを実感させていくのです。

あかさた　　かあさた　　さあかた　　たあかさ

あかたさ　　かあたさ　　さあたか　　たあさか

あさかた　　かさあた　　さかあた　　たかあさ

あさたか　　かさたあ　　さかたあ　　たかさあ

あたかさ　　かたあさ　　さたあか　　たさあか

あたさか　　かたさあ　　さたかあ　　たさかあ

233

| 全学年 | 統合的に考察することができない |

なぜつまずくのか

　統合的に考察するとは「異なる複数の事柄をある観点から捉え，それらに共通点を見いだして一つのものとして捉え直すこと」（文部科学省,2017,p.26）です。一言でいえば「異なるものから，共通点を見つけ出すこと」となるでしょう。

　共通点を見つけるためには，着眼点が必要です。しかし，着眼点が分からないため，統合的に考察することがうまくできないのです。

内容のポイント

　一から着眼点を見つけようとすると，とても大変です。そこで重要になるのが数学的な見方を働かせることです。

　数学的な見方とは「事象を数量や図形及びそれらの関係についての概念等に着目してその特徴や本質を捉えること」（文部科学省,2017,p.22）です。これを私なりに解釈すると，「問題を解いたり，まとめたり（統合），高めたり（発展）するときの着眼点」だと考えています。

　数学的な見方を働かせるためには，既習で働かせてきた数学的な見方を自覚する必要があります。例えば，6年生の円の面積であれば，5年生の面積の学習で働かせた数学的な見方を意識することです。5年生では，平行四辺形，三角形，台形，ひし形といった基本図形の面積の求め方を考えました。そこで働かせてきた数学的な見方は「面積を求められる形にする」というものです。この数学的な見方を意識しながら，円の面積の求め方を考えることによって，統合的に考えられるのです。

つまずき指導

1. 既習で働かせてきた数学的な見方を意識しながら問題を解く

　ここでは，6年生の円の面積の求め方を考える学習を例にします。円の面積はそのままでは求めることができません。そこで，5年生の面積の学習を想起して，「平行四辺形は長方形に変形して面積を求めました。三角形は平行四辺形や長方形に変形して面積を求めました。共通しているのは，『面積を求められる形にする』という発想でしたね」と，5年生の面積の学習で働かせた数学的な見方を共有します。その上で，「どうやったら，円を『面積を求められる形にする』ことができるかな？」と問いかけ，円の面積の求め方を考えさせるのです。そうすると，多くの子どもが，考えるきっかけをもつことができます。そして，以下の教科書に掲載されているような求め方が考えやすくなるだけでなく，自分で考えられなかった子どもも，友達の説明を聞いて「平行四辺形は面積の求め方が分かるから，平行四辺形にしたんだな」と，理解がしやすくなるのです。

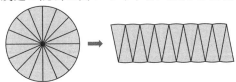

2. 統合的に考える

　最後に，5年生の面積の学習と円の面積の学習の共通点を振り返り，「面積を求められる形にする」という数学的な見方で統合します。そうすると，「円の面積も，今までの面積の学習と同じように，『面積を求められる形にする』という発想が使えたな」と考えることができるのです。

【参考・引用文献】
文部科学省（2017），小学校学習指導要領（平成29年告示）解説算数編，日本文教出版，pp.22,26.

発展的に考察することができない

なぜつまずくのか

　発展的に考察するとは「物事を固定的なもの，確定的なものと考えず，絶えず考察の範囲を広げていくことで新しい知識や理解を得ようとすること」（文部科学省,2017,p.26）です。前項で紹介した統合的に考察することと，発展的に考察することは，切っても切れない関係です。なぜなら，統合的に考察し，既習と目の前の学習で働かせた数学的な見方の共通点を発見することで，「今まで○○という数学的な見方を働かせられたんだから，△△も同じように働かせられるかな？」と考えられるようになるからです。

　よって，発展的な考察につまずくということは，既習で働かせてきた数学的な見方が意識できていないということが考えられます。また，既習で働かせてきた数学的な見方が意識できていたとしても，発展のさせ方が分からないということも考えられるでしょう。

内容のポイント

　発展的に考察するための最大のポイントは，統合的な考察をすることなのですが，統合的な考察をすることについては，前項で書いたので，ここでは割愛します。統合的に考察する以外のポイントとしては，統合的な考察をした後に，「この発想を使えば，他にもどんなことができそうかな？」と発展的に考察するための発問をすることと，自分で発展的に考察するための視点として，「数を変える」「数の個数を変える」「場面を変える」といった具体的な発展のさせ方を提示することです。

つまずき指導

1 👉 統合的に考察したら，発展的に考察する

　統合的な考察をした後は，「この発想を使えば，次はどんなことができそうかな？」と発問して，発展的な考察を促します。例えば，整数÷真分数，真分数÷帯分数の学習をしたのであれば，「整数も帯分数も，$\frac{\bigcirc}{\triangle}$という分数の形に直せば計算することができる」と統合的な考察をするでしょう。その後に，「では，$\frac{\bigcirc}{\triangle}$という分数の形に直せば，他にもどんな計算ができそうですか？」と発問します。そうすると，「真分数÷小数も$\frac{\bigcirc}{\triangle}$という分数に直せばできそう」とか「小数÷帯分数÷整数だってできるはずだよ！」といった，発展的な考察がされるでしょう。

　まずは「できる」「できない」に縛られず，「解決した問題を基に，発展的に考察する」という習慣を身に付けることが大切です。

2 👉 発展的な考察の具体的な方法を自分でも試す

　一斉授業であれば，教師から発展的な考察を促す発問ができます。しかし，個別学習や単元内自由進度学習においては，子ども自身が発展的に考察しなければなりません。しかし，放っておいては，子どもが発展的に考察することは難しいでしょう。そこで，「数を変える」「数の個数を変える」「場面を変える」といった3つの方法を提示します。

　分数のわり算であれば，「数を変える→他の分数でも同じようにできるかな？」「数の個数を変える→2つの分数でできたのであれば，3つの分数でも同じようにできるかな？」「場面を変える→整数ができたなら小数，小数ができたなら分数でも同じようにできるかな？」と考えることです。

【参考・引用文献】
文部科学省（2017），小学校学習指導要領（平成29年告示）解説算数編，日本文教出版，p. 26.

あとがき

　本書は、算数の授業における子どものつまずきをテーマに書かれた本で、多くの先生方にご自身の経験を基に書いていただきました。読んでいただいた先生方に、少しでも「こういうことあるなぁ」と思っていただけたのであれば幸いです。

　生成 AI が発展していくことが予想される今後の世界において、つまずくことは、今以上に価値付けられるのではないでしょうか。

　自分が考えたことに間違いがあったとしても、生成 AI を使えば、間違いを指摘してくれるでしょう。そうなると、「失敗を恐れずに、まずは自分の考えを表現すること」が大事になっていきます。いくら失敗しても、生成 AI が間違いを指摘してくれますから、生成 AI の指摘に基づいて、何度も自分の考えを改善していけばいいのです。だから、どんどんつまずくことができるということは、自分の考えを改善する機会を増やしていくことなのです。

　逆に、最も必要ないのが「正解主義」でしょう。最初から正解を出す必要性は低くなっていくからです。

　このように考えると、学校の授業の中でも「つまずくことで、いろいろなことに気付ける！」という価値観を学ぶことは、生成 AI を使うことが前提となる時代を生きる子どもにとって、とても重要なことなのではないでしょうか。本書が、全国の子どもたちに、つまずくことの価値に気付くきっかけになることを願っています。

　本書を発刊するにあたり、東洋館出版社の畑中潤氏には、多大なるご尽力を賜りました。この場をお借りして、深く御礼申し上げます。

東京学芸大学附属小金井小学校

加固 希支男

編著者

加固 希支男（東京学芸大学附属小金井小学校）‥‥‥ 1 章2,2章94,95,97-104,あとがき

樋口 万太郎（中部大学現代教育学部現代教育学科准教授）‥‥‥‥ はじめに,1章1,2章1-3

執筆者

吉川 秀一（池田市立神田小学校）‥‥‥‥‥‥‥‥‥‥‥‥‥‥ 2 章4-7,10-17

平川 賢（昭和学院小学校）‥‥‥‥‥‥ 2 章8,9,18,19,25-27,37,41,45,84,91

岡本 貴裕（山口市立大内南小学校）‥‥‥‥‥ 2 章20-23,47,68,69,72,89,92,93

岩本 充弘（広島大学附属小学校）‥‥‥‥‥‥ 2 章24,30-34,39,46,50-52

沖野谷 英貞（港区立御田小学校）‥‥‥ 2 章28,29,35,36,40,42,44,55,56,61,88,90

志田 倫明（新潟市立上所小学校）‥‥‥‥‥ 2 章38,48,49,53,62-65,85-87

瀬尾 駿介（三次市立みらさか小学校）‥‥‥‥‥ 2 章43,54,57-60,66,67,70,71,73,74

瀧ヶ平 悠史（EducationForward24株式会社）‥‥‥‥‥‥‥‥‥ 2 章75-83,96

カスタマーレビュー募集
本書をお読みになった感想を
下記サイトにお寄せください。
レビューいただいた方には特典がございます。

https://www.toyokan.co.jp/products/5729

LINE 公式アカウント

LINE登録すると最新刊のご連絡を、さらに
サイトと連携されるとお得な情報を定期的に
ご案内しています。

算数 つまずき指導

2025（令和7）年3月28日　初版第1刷発行

編著者：加固希支男・樋口万太郎
発行者：錦織圭之介
発行所：株式会社東洋館出版社
　　　　〒101-0054　東京都千代田区神田錦町2丁目9番1号
　　　　　　　　　　コンフォール安田ビル2階
　　　　代　表　電話03-6778-4343　FAX03-5281-8091
　　　　営業部　電話03-6778-7278　FAX03-5281-8092
　　　　振　替　00180-7-96823
　　　　Ｕ Ｒ Ｌ　https://www.toyokan.co.jp

装幀：小口翔平＋青山風音（tobufune）
イラスト：池田馨（株式会社オセロ）
組版：株式会社明昌堂
印刷・製本：株式会社シナノ

ISBN978-4-491-05729-3　　　　　　　　　　　　Printed in Japan

JCOPY 〈(社)出版者著作権管理機構 委託出版物〉
本書の無断複写は著作権法上での例外を除き禁じられています。複写される
場合は、そのつど事前に、㈳出版者著作権管理機構（電話03-5244-5088、
FAX03-5244-5089、e-mail：info@jcopy.or.jp）の許諾を得てください。